部落フェミニズム

熊本理抄 編著
藤岡美恵子
宮前千雅子
福岡ともみ
石地かおる
のぴこ
瀬戸徐映里奈
坂東希
川崎那恵

etc.books

部落フェミニズム　目次

編者まえがき　7

第1章　部落女性の「不可視化」とフェミニズム
——レイシズムとしての無関心　藤岡美恵子　13

第2章　祖母、母、わたしと婦人水平社の姉妹たち　宮前千雅子　45

第3章　私から、われわれ、そして私へとつながる物語　福岡ともみ　77

第4章　私が生きのびるための思想・生活・運動　石地かおる（聞き手：のぴこ＋川﨑那恵）　109

第5章　私たちはここにいる　のぴこ　141

第6章　「食」の記憶に浮かびあがる部落女性たち
——ある皮なめしのムラの聞き取りから　瀬戸徐映里奈　151

第7章　地域・コミュニティにとって「当事者」とは誰か？　坂東希　185

第8章　私たちが部落を語るために
——部落に生きる者たちの系譜　川﨑那恵　211

第9章　不可視化への歴史的抵抗、主体と権利の奪還　熊本理抄　245

あとがきにかえた謝辞　279

部落フェミニズム

編者まえがき

熊本理抄

全国水平社創立から１００年となる２０２２年、部落問題としては異例なほどの賑わいがメディアで見られた。翌年の２０２３年、波が引いたように静まりかえる。部落にルーツがあることを大切にしながらそれぞれの自己表現で生きる人びと、部落差別を不安に思いながら息をひそめて生きる人びとが、身近に、あるいは現実社会に、いないものにされる日常に戻った。地域レベルでは、婦人水平社１００年に関連する取り組みが部落女性の主催で開かれはしている。しかしながら、研究や運動が不在としてきた部落女性を、さらになきものにしようとする１００年後の現実世界を生きる目撃者になってしまった。

おりしも「インターセクショナリティ」が人口に膾炙《かいしゃ》していたときである。１００年前から部落女性たちが訴えてきた「二重、三重の差別と圧迫」を閑却《かんきゃく》する社会的処遇がいっそう際立ち、ぞっとした。部落解放運動からの歴史抹消と、フェミニズムからの歴史抹消が交差する瞬間に立ち会うことになる。概念としての「インターセクショナリティ」には関心をもつ。しかし、「二重、三重の差別と圧迫」なる表現でみずからの位置と経験を打ち出す部落女性のユニークな視点と実践が、社会をどのように捉え、実際に変えてきたのか、その歴史と思想への関心は示されない。このままではいけない。１９２０年代に、社会からいないものにされていた部落女性の存在を、一世紀後に生きる私までもが不可視化すれば、二重三重の不可視化に加担することになる。歴史をさらに繰り返さないため、２０２３年の夏、エトセトラブックスの松尾亜紀子さんに連絡した。部落女性のフェミニズム思想をテーマに本を出したい。「フェミニズムの本を届ける出版社」であるエトセトラブックスから出したい。フェミニストに届けたい。それが本書の始まりとなる。

エトセトラブックスのホームページには次のように記されている。

まだ伝えられていない女性の声、フェミニストの声を届ける出版社です。
これまでエトセトラ（その他）とされてきた女性の声は無限にあり、フェミニズムの形も個人の数だけ無限にあります。
そんな〈エトセトラ〉を届けるフェミニストプレスです。

伝えても届けても聞かれない声、聞こうともされない声、フェミニズムとは見なされない声、声を聞く機会がもっと開かれているはずの後人から等閑《とうかん》に付される声、女性解放運動のなかで「その他」とされる声、部落解放運動のなかで「その他」とされる声、歴史の「その他」としてさえ記録されない声、無限にありつつも、中心と「その他」の関係は揺るがないと見なされる声。

部落女性の被る抑圧、かれらが担ってきた生活と運動、それらから生まれる思想を本にしたい。書き手自身も部落女性で、自身の経験を絡めながら書く本をつくりたい。そんな私の声を拾った松尾さんからの返事は早かった。「ぜひ刊行したい」。

秋になって松尾さんとの打ち合わせを数回重ねながら、執筆依頼を始めた。部落への帰属意識の程度、部落コミュニティや部落解放運動とのつながりの形態は多様であるが、「部落女性」との自己認識をもっていることを執筆者の共通点とした。本書が呼び水となり、二作目、三作目が出てくれれば、この自己認識も問われるだろう。１００年後を生きる部落女性たちから批判される本であってほしい。

本書タイトルである「部落フェミニズム」の名付けをめぐり、執筆者から懸念と躊躇が出される。部落に対するヘイトと女性に対するミソジニーが吹き荒れるなか、実名で書くものがもたらす波及効果を想像できないこと、自身の立ち位置をフェミニストとして、その思想をフェミニズムとして定義するのはためらいがあること。明確な答えのないまま、これら疑念と問いを反芻しつつ、発刊に向けて動き出す。全国水平社創立記念日の3月3日、国際女性デーの3月８日、国際人種差別撤廃デーの3月21日、これら歴史的起点を踏まえて、出版目標を２０２５年3月に設定した。

２０２３年12月、執筆者がはじめて顔合わせをした。「自己」がいかに多様な属性で成立しているか。歴史と社会構造に「自己」がいかなる影響を受けながら存在しているか。さまざまな社会課題と社会運動に接点をつくる「自己」はどのような影響を社会構造に与えつつ生きているか。濃密な自己紹介からすでに本書は始まっていた。

２０２４年2月、各執筆者の原稿構想をもとに2日間の話し合いをもった。次回には原稿草案をもち寄っての合宿をしたいと提案したときだった。健常者のなかに障害者が一人という構図が常態化しているやりきれなさを、石地かおるさんが言葉にした。健常者を前提とする食事や休憩の時間規範では参加が阻まれること。全身性の障害がある石地さんの身体が見えないまま、石地さんが介助者をどう動かしているかが見えないまま、オンラインで石地さんという人間について述べていくのは限界があること。何か月も前から介助者を手配しなければいけないこと。合宿に到達するまでにいろいろな用意が必要なこと。不可視化されてきた存在を可視化しようとする場が、不可視化を生む。２０２４年７月の原稿草案読み合わせは、石地さんが活動する自立生活センターリングリングの体験室を借りて、２日間を共に過ごし行なった。

同時代、次代を生きる部落女性に向けて発信したい。発刊までの過程を重視し、執筆者が共同でつくりあげていくものにしたい。部落女性の思想と実践に、執筆者各人の思考と経験を交差させながら、今私たちが考える部落フェミニズムを浮き彫りにしたい。そこで生まれる矛盾と葛藤もそのまま言語化したい。執筆依頼の際にそう伝えた。概念を用いずに、インターセクショナリティを実証することも重視した。書き手の存在、経験、思想がインターセクショナルでないはずがない。インターセクショナルでないフェミニズムもない。

１９９９年、反差別国際運動（ＩＭＡＤＲ）が、「マイノリティ女性に対する複合差別研究会」を立ち上げる。「単数の差別などあるのか」「単一要素に還元できる差別があるのか」と核心を突くような質問を幾度か受けた。差別は単独の形態で成立しないこと、一人の人間に一つの形態の差別が影響を与えるなどないことを了解した質問だった。差別を受ける者は感覚的に知っている。部落だけで生きている人はいない。女性だけで生きている人はいない。自分の立ち位置や困難を、一つの差別で説明するなどできはしない。女性差別、部落差別といった具合に、差別を切り離せると思っている人たちに、女性差別、部落差別と言えば、自分の経験を説明するに事足りると思っている人たちに、女性差別撤廃、部落差別撤廃を訴えれば、自由への道を切り拓けると思っている人たちに、「あなたの言う女性差別は私の体験を言いあらわせない」「あなたの言う部落差別に私の体験は含まれていない」と異議申し立てをする必要があった。

自分たちの立ち位置と困難を切り分けることなく、またそれらを説明する言葉がないときに、部落女性のつかんだものが「複合差別」だった。複合的な抑圧を生み出すマジョリティ社会を照らす抵抗概念だった。しかしいつのまにか、マイノリティ内部の問題、マイノリティ相互の問題を「発見」したかのように記述し、その「問題」を名付ける言葉へと簒奪《さんだつ》されていった。マジョリティ社会がマイノリティ女性の立ち位置と困難を切り分けてまなざし、説明するための概念、分析する手法になってしまった。複合的な抑圧を被る者が、複合的な圧力を加える側を照射するために磨いてきたのが「複合差別」だったのに。

部落フェミニズムを名乗ることによって、無冠のフェミニズムに付録をつくろうとしているのではない。部落フェミニズムは、本書執筆者たちの創造物でも独占物でもない。部落女性が生きたすべての時代に、差別と抑圧のなかを生きたすべての部落女性が、部落フェミニズムを生きてきた。圧倒的な不可視化と沈黙の強制が働き、私たちがその思想を生き、その思想に生かされることを奪おうとしている。

本書は、今を生きる部落女性が、部落フェミニズムを掘り起こし、書き手の身体を通過させた言葉をもって、未来を生きる者たちに、その思想を手渡す営みである。歴史資料、聞き書き、識字文集、インタビュー、自立生活運動、フェミニスト・カウンセリング、ピア・カウンセリング、部落解放運動、在日朝鮮人運動、障害者運動、フェミニズム、反差別運動、食生活と産業、まちづくり運動をつうじて、私たちが先人に出会ってきたように、本書をつうじて、同時代、そして未来を生きる人たちに出会うことを願いながら。

第1章　部落女性の「不可視化」とフェミニズム
――レイシズムとしての無関心

藤岡美恵子

はじめに

私はかつて反差別国際運動[1]（IMADR）という団体で1988年の設立時から2002年初めまで働いていた。設立直後、国連女性差別撤廃条約に関する日本政府の第一回報告書審査（1988年2月）を前に国連女性差別撤廃委員会のバーナード委員長が来日した。条約もよく知らず委員会の存在も知らなかった私は、部落解放同盟の女性リーダーに同行してその委員長に部落女性の状況をまとめたレポートを手渡すという任務を言い渡された。ある場所で待ち構え車から降りてくる委員長をつかまえて、「マイノリティの女性たちのレポートです。読んで下さい」と言ってレポートを無理やり手渡した。

当時、女性差別撤廃条約の普及や研究を行う団体はあった。しかし部落の女性たちにはそういう団体との接点はない。そこで委員長来日という情報をキャッチしてアポなし「直訴」行動に出たのである。他の女性団体から切り離された「孤立した」場所からの部落女性のいわば「直接行動」。それほどに部落女性は女性団体やフェミニズム運動に縁がなかった。

こんなエピソードも聞いた。福岡県の部落解放同盟の女性が県内各地から集まった女性団体の集会に出席したとき、誰からも話しかけられなかったという。あたかもそこに彼女がいないかのように。普段関わりのない女性団体の人たちを前に、彼女は恐らく「この人たちは部落差別のことをどこまで知っているのか、部落のことをどう思っているか」と不安気に思いを巡らせていただろう。とても緊張していたはずである。マジョリティの女性たちはそれに気付くことはなかったろう。

部落女性とマジョリティ女性の関係を一言で表すならこの気付きの欠如、無関心である。部落差別が存在することは女性運動やフェミニズムに関わる者であれば大多数が知っているはずである。しかし、マジョリティ女性のフェミニストで部落女性の経験を日本社会の女性の経験の一部として知り、理解する必要を感じる者は少数だろう。さらに、部落差別を受ける女性たちと自分との関係――部落差別を存在させている社会に生きる非部落の女性にとって部落女性の経験は何を意味するのか、その被差別の経験に自分がどう関与しているのか――を、フェミニズムの課題として考えてきた人はもっと少数ではないだろうか。

この小論では部落差別をレイシズム（人種主義）と規定し、日本のフェミニズムやジェンダー研究／女性学が部落女性・部落差別に関心を払ってこなかったこと自体がレイシズムであることを、欧米のレイシズムに関する知見を参照しながら論じる。部落差別をレイシズムと規定することには違和を覚える人も多いだろう。部落差別は近世の身分制度に由来する「同じ日本人」の間の差別であり、肌の色や民族の違いを理由にした差別ではない、と。しかし、レイシズムという語が表す差別はいわゆる「人種」や民族の違いに基づくものだけではない。レイシズムに関する国際的な合意の一つである人種差別撤廃条約（日本も加入している）[2]は人種差別を「人種、皮膚の色、世系又は民族的若しくは種族的出身に基づくあらゆる区別、排除、制限又は優先」と定義し、近年、部落差別やインドのダリット差別のような出自、血統による差別は「世系（descent）」というカテゴリーに当たると考えられるようになっている。

また、そもそも生物学的な「人種」というものは存在しないことが現在の世界の共通理解になっていることから、人種差別やレイシズムという用語で語ることへの疑問もあるかもしれない。ここでは「人種」やレイシズムをめぐる議論や研究を詳細に紹介する余裕はないが、重要なのは「人種」というものが存在しなくても「人種差別」や「人種主義」は歴然と存在していることである。つまり差別に「客観的」な根拠は必要ないのである。部落史研究の黒川みどりは、封建遺制と考えられてきた部落差別が明治以降もなくならず今日まで存続してきたのは、身分制度がなくなった後も身分に代わりうる生得的な境界を維持したいマジョリティが「人種」や「民族」という語りを作り出し、「特殊部落」という用語を延命させ、差別する理由を作り出してきたからだと指摘する。差別の「原因」とされるものは時代を超越して一定なのではなく、差別を必要とする社会／差別をする側が変容させてきたとの指摘は重要である。[3]

欧米のレイシズム研究を参照するのは、そこで論じられている現代的な差別の特徴には部落差別と共通点が多く、部落差別への関心の欠如を考察するにあたって参考になる研究が多いからである。とりわけアメリカのレイシズム研究は、公民権運動を経て差別是正措置がとられ、あからさまな偏見の表明が少なくなっている社会において人種差別がどのように変容しながら持続しているかに焦点をあてたものが多く、部落差別を考える上で参考になる。

部落女性への関心の欠如がレイシズムであることを論じるのは、日本のフェミニズムが「より包摂的なフェミニズム」になれるよう手助けするためではない。日本のフェミニズムがなぜ部落差別に無関心なのかを理解することが、部落女性にとって必要だと思うからだ。部落民はたとえ自分自身は直接的な差別体験を持たなくとも、部落コミュニティに住んでいなくとも、ネット上のヘイトスピーチにさらされ、部落のことをほとんど知らないかネガティブなイメージを抱いていると（部落民には）思われる日本人マジョリティに囲まれて暮らしている。そんな部落女性がジェンダー差別に苦しみフェミニズムを切実に必要とする場合も、「女性でありかつ部落民である」自己を十全に表現することは容易ではない。部落差別が存在する社会で非部落の女性たちが自分の立場や経験を分かってくれるだろうかという不安がつきまとう。

　部落女性はこれまでも日本の女性運動やフェミニズムに対して何度も違和感を表明し問題提起をしてきたが、多くの場合その声はブラックホールに吸収されるかのように、どこにも反響せずかき消されてきた。豆腐に鎹《かすがい》とでも言いたくなるような手ごたえのなさと言えばいいのか。レイシズムが「ほとんど文化の一部」[4]と言えるような日本社会の中で部落女性が自分たちのフェミニズムを模索するためには、その手ごたえのなさをレイシズムの表出として解き明かすことが必要ではないか。

　そして、そのようなレイシズムを解き明かすことは、非日本国籍者や非日本民族との関係ではマジョリティの立場に立つ部落女性が他のマイノリティ女性とどのような関係にあるかを考え、彼女らとの協働や連帯を模索する際に欠くことのできない作業でもある。

1　部落女性の「不可視化」

日本の女性史、フェミニズム運動史、フェミニズム理論や運動論の研究や言説の中に部落女性はほとんど登場しない。『新編 日本のフェミニズム10　女性史・ジェンダー史』（岩波書店、2009年）には、「『大日本帝国』と女性」と題したセクションで植民地支配下の同化政策とアイヌ女性、朝鮮女性、沖縄女性の経験が取り上げられているが、部落女性は登場しない。女性運動史、フェミニズム運動・理論史においても、例えば女性学のパイオニアの一人である井上輝子の『日本のフェミニズム――150年の人と思想』（有斐閣、2021年）は「フェミニズムの課題の全領域のマップ化」を企図したもの（ただし著者の急逝により未完に終わった）だが、部落女性は登場しないし、在日朝鮮人、アイヌ民族、琉球民族の女性の経験も語られず、レイシズムや植民地主義といった分析軸もない（なお、『岩波女性学事典』（岩波書店、2002年）には「水平運動と女性」「部落解放女性運動」「アイヌ女性」「沖縄戦と女性」「基地問題と女性」「在日フェミニズム」「マイノリティ・フェミニズム」「ポストコロニアル・フェミニズム」の項目がある）。

運動の場においても、戦前から今日にいたるまで、部落女性の運動が日本の女性運動と有機的な関係を持つことはほとんどなかった。戦前の婦人水平社の運動が非部落の女性運動と交わることがなかった原因について熊本理抄は、婦人水平社の側に女性解放を階級的課題として捉える思想が不徹底であったことや女性独自の課題が少なく女性解放運動との連携が困難だったことなどを要因として挙げる黒川美富子の説明と、女性運動の側の活動家が都市部の中産階級の概して高等教育を受けた女性たちであり、部落問題をよく知らず関心も薄く、共感を持たなかったことに大きな原因があるとする藤目ゆきの分析を紹介し、「これら指摘は（中略）現在の状況にも共通する」と書く[5]。

例えば、1955年に始まった日本母親大会に参加した部落女性は「人間外の人間」の扱いを受け「解放同盟と言うと発言させてくれません」という経験をした[6]。1970年代以降、部落女性は労働組合や市民運動の女性たちとの接点を増やしていくが、何を切実な課題と考えるかをめぐって部落女性とマジョリティ女性の間の違いが浮き彫りになっていった。熊本（前掲書）が膨大な一次資料やインタビューから丹念に明らかにしたように、戦後の部落女性は厳しい部落差別とその結果としての生活苦の中から、自らの無権利状態を自覚し、組織的に行政に働きかけ、権利を闘い取っていった。例えば、妊産婦の無料検診や子どものミルク代支給、保育所の設置などである。これらは日本の保育行政を少しは変えさせたという自負を持っていると当時の女性リーダーが述懐するように、労働権、リプロダクティブヘルス／ライツ、子育て支援といった分野で女性の権利を前進させるような特筆すべき運動であった。しかし、こうした部落女性の運動とその成果がフェミニズム運動史で取り上げられることはない。

反面、女性運動が掲げる課題は部落女性にとって、自分たちの切実な要求とはかけ離れたものと感じられた。日本の女性運動の担い手は都市に住む中産階級の高等教育を受けた女性が中心であり、その女性たちの経験から出発している。労働分野一つとっても、日々の生活の糧のために家内労働や零細企業で働かざるを得ない部落女性にとって、採用時の男女差別や企業内での昇給・昇進、結婚・出産で仕事を辞め専業主婦となった女性の再就職の問題（いわゆるM字型就労問題）などは自分たちの切実な要求からは遠いものであった。日本のフェミニズム史上で重要な論争の位置を与えられる「主婦論争」も部落女性の経験からはかけ離れたものであった。部落女性にとってみれば男女雇用機会均等法も「弱いものを考えていない法律」「部落の婦人とはかけはなれた上層の婦人のためのもの」であり[7]、育児休業法の適用にとりくむよう求められても「正直言って部落の女性の労働実態からみて、とてもむづかしい」ものであった[8]。育児休業法が適用されるような職場で働く部落女性はそもそも少なかったのである。そのため、女性運動の課題とされるものと部落女性にとっての切実な課題の間に大きなギャップを感じ、女性運動に関わることができなかった[9]。それは他方でマジョリティ女性の運動が部落女性の経験に関心を払ってこなかったことの表れでもある。

マジョリティ女性の部落女性への関心のなさは1990年代になっても歴然としていた。1994年、翌年の第4回世界女性会議（北京会議）に向けて開催された東アジア女性フォーラムに参加した部落解放同盟の北山俊乃は、後年次のように語った。

マイノリティの分科会で、「在日」とか障害者の女性たちの報告があって、私も「日本には部落というのがあって、解放運動をやって、1969年に同対審[10]が出て社会問題として解決せねばならないと、国の責務と国民の課題がはっきりした。識字運動とか結婚差別にも取り組んだ」と報告をした。ところが質問の時間になったら、部落問題にはだれ1人質問しない。全国から女性の運動やってるすごいひとたちが来てるのに何と無関心なのかと本当にがっかりした[11]。

私は東アジア女性フォーラムの実行委員としてこの分科会を企画・運営した一人である。率直に言えば、北山が落胆したその状況はある程度予想していたことだったが、当時の私にとってマイノリティ女性の主張を国際的な場で発信することが何より重要だった。しかし振り返れば、マジョリティ女性の無関心をそれほど深刻に受け止めていなかったと言わざるを得ない。マイノリティ女性の発言の機会が増えれば、マジョリティ女性からの応答も増えるだろうと根拠なく考えていたのだ。しかし、その後の30年間で思い知ったのは、この無関心が岩盤のように日本社会に根を張っているということである。

部落差別以外に目を広げてみても、在日朝鮮人やアイヌ民族、琉球民族、移民・外国人などに対するレイシズムが日本のフェミニズムの運動や研究において主流の課題となったことはない。30年近く前にいち早くフェミニズムにおけるレイシズムを怜悧に指摘した鄭暎惠は、日本女性学会を辞めた理由を「階級とレイシズムの問題をほとんど見ていなかったというか、見えていないというか。ここでは一緒に議論をできない」と思ったと述べている。[13] 1994年に早稲田大学で初めて女性学の授業を開講した琉球・沖縄研究者の勝方＝稲福恵子はある座談会で「なぜ日本のフェミニズムはアメリカのようにうまくいかないのか」との問いかけに対し、「エスニシティを関数として入れることが日本のフェミニズムではなされていなくて、全部一律にホモジニアスな日本女性のことになってしまうので、沖縄から見たらちょっと遠い話なんですよね」と応答したところ、「日本のフェミニズム運動は、今はそれどころじゃない」と、大事の前の小事であるかのように一喝されたと語っている。[14]

こうした状況についてマジョリティ女性からの応答がないわけではない。鄭と勝方＝稲福の発言が収録された『ジェンダー研究を継承する』の編者の一人の伊藤るりは、二人の発言も踏まえて「総体としてのジェンダー研究は日本社会の『単一民族』イデオロギーの抑圧的作用から自由ではなく、男女共同参画政策を含めた政策立案においても限界を有する」と述べ[15]、日本学術会議が外国籍研究者を排除していることに触れて「わたし自身を含め、マジョリティの側にある研究者にとっての大きな課題がここにある[16]」ことを認めている。ただし、鄭や勝方＝稲福の語る経験は伊藤がこう書く四半世紀前の出来事であって、その間、ジェンダー研究者はそれにどうとりくんできたのか、こなかったのかは語られない。そして、それをレイシズムという言葉で表すこともしない。伊藤はまた「『単一民族』イデオロギーは、『国民』をその『象徴』たる天皇との関係において同質化し、あわせて外国人を文字通り『国外』の者と理解することで国内の民族的、エスニックなマイノリティの存在を不可視化する[17]」と書くが、天皇制に触れながら部落差別には言及していない。意図的にせよ無意識にせよ、ここでも部落差別は関心の外に置かれている。

非部落の女性たちが部落差別をどう認識してきたのか、女性差別との関係でそれをどう考えてきたのか、それが日本の女性運動やフェミニズム／ジェンダー研究からは一向に見えない。この数十年、ブラック・フェミニズムや第三世界フェミニズムが紹介され、インターセクショナリティが少なくともアカデミズムではいまや「流行」とさえなっているにもかかわらず、なぜ同じ関心が部落差別に向けられないのだろうか。

部落女性や部落差別に対する根強い無関心はどこから来るのか。積極的にあからさまな差別をすることはなく、部落差別の存在も否定はしないがそれ以上には関心を払わないことをどう考えればいいのだろうか。レイシズムとしての無知・無関心という概念を使って考えてみたい。

2 レイシズムとしての無知・無関心

無知とはふつう知識の対極にある受動的なものと考えられている
啓蒙の広がりを前に後退していく闇であると
しかし……
想像してほしい　抵抗する無知を
想像してほしい　反撃する無知を
想像してほしい　戦闘的で攻撃的で決してひるまない無知を
活動的で動的で静かに退場することを拒否する無知を
無学の領域に閉じ込められるものではまったくなく
むしろ国のあらゆる領域の最高水準に広がり
それどころか厚顔無恥にも自らを知識として呈示するものとして[18]

これは政治哲学者チャールズ・W・ミルズのWhite Ignorance（白人の無知）と題する論考の冒頭に置かれた言葉である。読者は本文を読み始める前から、この警句のような言葉からミルズのいう「無知」が無害でも無辜《むこ》でもなく、人種化された社会において積極的、能動的な機能を果たすものであることを告げられる。

ある社会問題について無知だったことを知ったとき人はよく「なぜいままで自分は知らなかったのか」「知らなかったことを恥ずかしく思う」と言う。部落民は部落差別について知らないのは差別だと直観する。それが無邪気な無知ではなく、知ろうとしないこと、気付いてもすぐに忘れ去ることだということを知っている。

無知・無関心がなぜレイシズムなのかを考える前に、現代においてレイシズムがどのように表れ機能しているのかを理解する必要がある。現代のレイシズムはかつてのようなあからさまな偏見（例えば「部落民は暴力的だ、汚い」といった表現）や直接的な暴力（例えば1871年の賤民廃止令後にそれに抵抗する非部落住民が起こした部落民への襲撃・放火事件[19]）、明白に差別的な法制度（最も分かりやすい例としてかつての南アフリカのアパルトヘイト制度）として表れることは稀である。それに代わる現代的形態のレイシズムは制度的レイシズムやカラーブラインド・レイシズムなどと呼ばれる。制度的レイシズムは、個々人の考え方や言動とは関わりなく、社会のさまざまな分野に差別が構造的に埋め込まれていることを指す。部落差別で言えば、阿久澤麻理子が指摘する「市場に埋め込まれた差別」が分かりやすい。部落の土地が周辺地区よりも安いのは差別の結果であるが、市場での評価が低い部落内の不動産を避けるのは仕方のないことだと考える人々が一定数いる。個人の偏見とは関わりのないこと、個人の力ではどうしようもないことと捉えられ、結果として差別が受容されていく[20]。

アメリカのレイシズム研究者のエドゥアルド・ボニーヤ＝シルバは、カラーブラインド・レイシズムとはマイノリティの社会的地位の低さを生物学的・道徳的劣等性という観念ではなく、人種と関わりのない力学の結果として説明するイデオロギーだと言う[21]。例えば、人種によって居住地が画然と分かれていることを「黒人と同じ地区に住みたくないから」と言うのではなく、自分と同じ人種の人々と住みたいと思うのは「自然な」ことと説明するのがその一例である。[22] カラーブラインド・レイシズムに特徴的なのは、マジョリティが自分の行動を「人種とは関係ない」と説明し「自分は差別者ではない」という態度をとることだ。そう言いながら、居住地の例で言えば、歴史的な差別の帰結である人種隔離を人種以外の理由によって「自然化」することで正当化し、結果として差別構造の維持に寄与する。ボニーヤ＝シルバはこのようなレイシズムをレイシスト（人種差別主義者）のいないレイシズムと表現する。

　こうしたレイシズムはおうおうにして否定と無関心（neglect）[23]という形で現れる。この二つのレイシズムの形態を整理して論じたアマヌエル・エリアス[24]によれば、否定は対人関係における差別や制度的差別の矮小化、軽視、正当化の形態をとる。部落差別なんてもうない、差別するのは古い世代だから将来差別はなくなるといった言説が典型である。差別を否定することによってマジョリティ集団はマイノリティの被ってきた差別・抑圧に対する責任を回避することができる。例えば差別是正措置をとらなくてもよいことになり、その結果、マジョリティとマイノリティの間の格差や権力差は固定されたままになる。否定はマジョリティ集団の社会における優越的地位や覇権の維持を支える作用を持つ。

　それに対して無関心は、人種的マイノリティの状況を意識的・無意識的に顧みないこと、軽視することである。それは否定よりさらに進んだ次元であり、マイノリティの抱える問題に対する傍観者的なアパシー（無感動・無気力）と関心の欠如を特徴とする。無関心は差別の存在を必ずしも否定するわけではなく、「関心を持たない」（意図的な無関心）または「関心はあるが行動はとらない」（意図しない無関心）という態度として現れる。例えば2020年の鳥取県人権意識調査での「私も同和問題をずっと知らなくて、大人になって知ったけれど、あまり関心はなかった。子供たちも知らないのに部落差別をわざわざ教えることがいいのかと思っている」（傍点引用者）という回答は、意図的な無関心の一例であろう。[25]

意図しない無関心の例としては、例えば企業が人種差別の事例を非難しながら、差別の再発を防ぐために社内規程や方針を見直すといった組織的行動をとらないことなどが挙げられる。制度的差別の放置が意図せずして人種差別の強化・固定化をもたらす場合もある。コロナ禍において部落の中小零細企業がインターネットでの持続化給付金手続をできなかった事例が報告されているが、[26]これは以前から存在した部落内外の情報格差が不利益をもたらした一例である。

エリアスは否定という形態に比べあまり研究されてこなかった無関心という形態のレイシズムを理解することが、現代のレイシズムに対処するのに必要不可欠だと言う。これまでの反レイシズムのとりくみが前提としていたのは、差別の実態や広がりを示す根拠を提示することで人々の意識が高まれば、おのずと反レイシズムの行動や政策がとられるようになるというものであった。しかし、無関心という形態においては、差別の存在を認知したからといって必ずしも反差別の行動をとるようになるわけではなく、むしろレイシズムは温存され場合によっては悪化する。したがって無関心は他の形態のレイシズムに勝るとも劣らず、構造的レイシズムの継続を支えているとエリアスは論じる。

なぜこのような無関心が生じるのか。これをマジョリティの特権という枠組みで説明するのがダイアン・J・グッドマンである。[27]マジョリティ集団はマイノリティが不公平な扱いを受けていることを知らないためにマイノリティに対して無意識でいることができ、そうした不公平や自分たちの特権を意識するよう促されることもない。マジョリティは無知でいられる特権を持っているのである。特権集団は差別の存在を否定することも許されている。不公正に気付いても黙っているという選択肢も与えられている。例えば、先に挙げた鳥取県人権意識調査で部落差別を見聞きしたときにどう対応したかと聞かれて、22・9%が「差別に気づいたが、当人の問題であると思い、そのままにした」と回答している。「そのままに」する、すなわち差別を放置することが許されているのである。差別を受ける側は差別から逃れる選択肢はない（差別から逃れたいと思い、見ないふりをすることは多々ある）。マジョリティの特権論の優れているところは、マジョリティがたまたま無知なのでも、たまたま黙っているのでもなく、無知であり黙っていることが許されていること、それ自体が特権であるという差別の構造を明らかにした点にある。

マジョリティが部落差別について知らないのは決して偶然でも「自然な」ことでもなく、知らないまま過ごすことができるような社会構造が存在するからである。部落差別について知る機会は小中高の学校教育が大半を占めるが[28]、そこで得られるのは歴史の表面的な知識だけである。メディアが積極的に取り上げることもなく、知る機会がほかにあるとすればインターネット上の誤った、偏見を抱かせるような情報であることが多い。結果的にマジョリティは部落差別についての正しい知識を持たない。しかし、先のミルズの「警句」にしたがえば、そうした無知は消極的、受動的なものばかりではないことに注意が必要だ。「もうそろそろ同和問題の研修などは止めてもいいと思う。理由は形骸化してきたため、身近な問題と思わない[29]」「同和地区の方々の被害者意識が強すぎる時があり、ある意味、公平のバランスが崩れる場面がたまにある。同和地区として行政が特別扱いする限り、公平性は見えてこない気がする」[30]といった回答は消極的抵抗というより反撃である。

抵抗し反撃する無知を最もよく表すのが、部落差別にとりわけ顕著に表れる「寝た子を起こすな」論である。部落差別なんて知らないのに教えるから差別するようになる、教えなければ差別はなくなるという根拠のない誤った主張だが、部落解放運動ではこれに対して「差別はある」と反論し、「正しい理解」を身に付ければ考え方を変えられるのではないかと働きかけてきた。しかし、レイシズムとしての無知・無関心論をもとにすれば、「寝た子を起こすな」論は差別の現実を知らない素朴な意見というよりむしろ、差別の積極的な否定であり差別を受けている部落民への能動的な抑圧である。それはマジョリティが差別の存在を見て見ぬふりをし、差別をなくすためのマジョリティとしての責任を回避することを可能にする。

無関心を典型的形態の一つとするカラーブラインド・レイシズムはイデオロギーであるから、個人の意識の持ちようで解決する問題ではない。また、個人レベルの問題でもない。ボニーヤ＝シルバの言葉で言えば、個人はレイシズムのシステムを具現化したものと理解することが重要である。例えば、日本のマイノリティ女性の経験が目に見えない一因は、政府や自治体がマイノリティ女性に視点を絞った調査を行っていないことにもある。マイノリティ女性は長年、女性差別撤廃委員会による日本の報告書審査において日本がそうした調査を行っていないことを訴え、委員会も政府に対してマイノリティ女性に関する調査を行うよう再三勧告してきたが[31]、政府は国勢調査でデータがとれるとして、いまだにそうした調査を行っていない。コロナ禍の女性への影響を例にとれば、内閣府による「コロナ下の女性への影響と課題に関する研究会報告書[32]」には、数多くいたことが容易に想像される飲食店などの職を失った移住女性や苦境に陥った技能実習生の女性など、非日本人の実態は見えないし（そもそも外国人が調査対象として念頭に置かれていたのか疑問である）、日本国籍者・永住者のマイノリティ女性に特化した記述もない。コロナ禍以前からそうした調査はマイノリティ女性自身の手によって行われてきた（例えば、在日朝鮮人女性でつくる「アプロ・未来を創造する在日コリアン女性ネットワーク」は在日朝鮮人女性へのコロナ禍の影響について独自に調査を行った[33]）。マイノリティ女性に焦点を絞った調査の必要性が主流のフェミニズムの課題として上ったことがあるのか、私は寡聞にして知らないが、少なくとも内閣府の調査を見る限り関心の欠如は明らかである。そしてそうした調査の欠如がマイノリティ女性への無関心の構造を固定化し強化するのである。

レイシズムへの無関心が社会に根を張っていることは、それが決して無害で無辜の態度ではなく、差別の積極的な否定／被差別者に対する能動的な抑圧と考えることによってはじめて説明が付くのではないか。とりわけ部落差別は他のマイノリティへの差別と比べても、問題の存在自体を否定する傾向が強く表れるイシューである。そのような無関心が根を張る社会の中で、日本のフェミニズムも部落女性について知る必要を持たず、知らないことを許されている。その無知・無関心は部落差別の隠蔽と固定化と強化を支える機能を果たしている。

3 「分断」と「連帯」——マイノリティ女性の声の抑圧とレイシズムとしての無関心

無知・無関心という形態のレイシズム論をもとに日本のフェミニズムにおける部落女性の不可

視化、レイシズム問題の軽視、無視のありようを検討しようにも、その材料は乏しい。フェミニストを自覚するマジョリティ女性が、マジョリティの立場性を踏まえた上でマイノリティ女性の経験を知ろうとし、対話を試みた例を知ることのできる文献や資料はほとんどない。1990年代の『女性学年報』15号(1994年)の「特集:〃マイノリティ〃とフェミニズム」と『女たちの21世紀』11号(1997年)の「特集『マイノリティ』・女性・わたし」はその数少ない例である。以下、この二つを取り上げてレイシズムとしての無関心がどのような形で表れているか、そこで語られる「分断」や「連帯」がマイノリティ女性へのレイシズムとどのように関係しているのかを検討する。

「分断」「女性の連帯」

『女性学年報』の特集の巻頭言で渡辺和子は、日本のフェミニズムが性差別以外のさまざまな差別・抑圧を受けてきたマイノリティの女性たちの声を聞かず、マイノリティ女性の運動を支える理論になってこなかったことを認める。マジョリティ女性に教えてあげるためになぜ自分たちが時間やエネルギーを費やさなければならないのかというマイノリティ女性の声を理解しながらも、なお対話が必要だと考え同特集を企画したと書く。

この特集には部落女性は寄稿していない。その代わりに蓮月による「フェミニスト部落民の友によせて」という文章がある。部落民ではない著者が友人の部落女性Aさんに原稿を依頼し一旦引き受けてもらったがその後断られたためだった。そのAさんとの出会いのエピソードが、マジョリティ女性の部落差別に対する無関心のありようを象徴している。Aさんは1993年の皇太子の結婚を祝わない女たちの集会に参加したが、そこで誰からも部落差別についての発言がなかったことが重く胸に残った。著者の蓮月はその集会の主催者の一人だったが「天皇制と部落差別の問題を切り離して考えたことはないつもりだったし、〝身元調査〟〝戸籍〟の問題を発題や集会宣言文でも述べたが、確かに言葉としての〝部落差別〟はなかった[34]」。なぜ部落差別という言葉を発しなかったのかという問いは、ここではそれ以上掘り下げられていない。

　この論稿ではAさんが過去に発表した文章が紹介されている。部落出身の母と台湾人の父を持つAさんは、交際相手に自分の出自を打ち明けたあと相手が自分の元から去って行き、二度の自殺を図ったが部落解放運動に支えられて生き直すことができた。しかし部落解放運動においても「天皇制こそ部落差別の元凶、と主張する男達も家に帰れば〝小天皇[35]〟」という状況の中で、フェミニストと自称しても男性から敵視されず、部落民と名乗ることが何のインパクトも持たなくなってやっと「ただの私」として解き放たれるまで、フェミニスト部落民を名乗り続けなければならないのかもしれないと書く。蓮月は家族を大切にするAさんと家族を持とうと思わない自分を比べて「少し違いがあるのかもしれない。が、いずれにせよ、女たちが男たちによって分断されず、立場の違いを越えて連帯しあっていきたい！と痛切に願うことで、Aさんに連なりたい[36]」という言葉で文章を閉じる（傍点引用者）。

「立場の違い」（直接的には家族観をめぐる両者の違いを指すように読める）を超えた先に想定されているのは、男たちによって分断されないことである。同じ号で在日朝鮮人の皇甫康子やアイヌ民族のチカップ美恵子がマジョリティ女性とマイノリティ女性の間の明らかな「分断」――マジョリティ女性の民族差別意識、マイノリティ女性がマイノリティであるがゆえに受けている差別への関心の低さ——を語っているにもかかわらずそれは無視され、分断線は女性と男性の間に引かれる。

渡辺はマイノリティの存在が「そのような差別にさらされることもなく過ごせたマジョリティ女性たちの問題を逆に示してくれる鏡なのだ[37]」と述べるように、マジョリティの特権に自覚的である。それでも女性同士の連帯については「家父長制社会の中で、女性は、マイノリティで弱者であるにもかかわらず、それぞれの帰属集団に対して協調せざるをえず、そのために女性の連帯を妨げられてきた[38]」と書く。「協調せざるをえ」ないのは女性一般のように読めるが、そこにマジョリティ日本人も含まれているのだとしたら、その帰属集団とは日本人／日本民族を指すのであろうか。私はマジョリティ日本人女性が日本社会におけるマジョリティとマイノリティの関係を論じる中で自分の帰属エスニック集団を明確に意識し、それとの葛藤に言及した言説に触れたことがない。そのこと自体は不思議なことではない。マジョリティの特権論やカラーブラインド・レイシズム論が示すように、マジョリティにとって自らの人種／エスニシティは社会の規範であり、それを自ら意識することなく過ごせるからである。

問題は「それぞれの帰属集団」と「女性」が対立的に捉えられており、女性の連帯を妨げているのが「それぞれの帰属集団への協調」であるかのような構図が提示されていることである。もっと言えば、女性が帰属集団にアイデンティティを持ちその集団の一員として生きていくことよりも、女性同士の連帯が上位に位置するかのように捉えられていることである。帰属集団へのアイデンティティを問題にされるのは、通常、マイノリティ集団に属する女性だけである。事実、渡辺は別の箇所で、マイノリティ女性は「女性としてのアイデンティティと少数派としてのアイデンティティとのあいだで切り裂かれる場合も多く、さらにはその民族や人種が性差別的で排他的であれば、いっそう自己のアイデンティティの追求は、苦渋に満ちた選択を強いられることになろう」[39]と述べている。マイノリティ女性はマジョリティからの差別のゆえに「切り裂かれる」のであるが、渡辺の視線はあくまでもマイノリティ女性がおかれた「切り裂かれる」状況に向けられ、そのような状況を作り出しているマジョリティの側には向けられない。「その民族や人種が性差別的で排他的であれば」という記述も見過ごせない。およそ性差別の存在しない民族や「人種」は考えにくく、社会の中でマジョリティの立場にある集団の中にも性差別が存在するにもかかわらず、なぜマイノリティ集団内の性差別にことさらに目が向けられるのか。さらに「排他的」とはどういう意味なのか判然としない。外部からの介入や働きかけを拒否する頑迷な文化集団というイメージを想起させるこの語を説明もなく使用するところに、マジョリティからマイノリティへの一方的視線が表れていると言えるのではないか。だが、マイノリティの立場から言えば、排他的なのはマイノリティを排除し排斥するマジョリティ集団の方である。

「帰属集団に対して協調せざるをえず」という表現も、マイノリティ女性の帰属集団との関わりにおける主体性を軽視した表現と言わざるを得ない。例えば部落女性は、自分たちの運動は部落男性から切り離された個人の権利を追求するものではなく、男性も含めたコミュニティの成員とともに闘うものであり、また親世代の差別経験も包含しながら自分の子どもが差別されない社会を作るという世代的なつながりを大切にするのだと主張する（熊本前掲書を参照）。帰属集団との関係は受動的・消極的なものではなく、女性自身が矛盾を抱え迷いながらも主体的に選び取っているのである。

蓮月の「女たちが男たちによって分断されず、立場の違いを越えて連帯し」という言葉からは、女性たちの間にある差異をマジョリティ（女性を含む）によるマイノリティへの差別の問題として捉えるという姿勢は感じられない。マイノリティとの対話が必要だと言いながら、なぜ私たちはマイノリティのことを知らないのか、マジョリティはどのような教育を受けてきたのか、どのような社会的関係の下で、そのような無知・無関心を形成してきたのか、といった問いを深めるのではなく、性急に女性同士の連帯の希求に向かう。マジョリティがマイノリティに対して偏見、嫌悪、恐怖を抱いていること、マイノリティに対する加害性を有することを明確に認める渡辺も、最後には「女性たちが分断されないために、そしてもっと大きい敵を見逃さないために」連帯と共生をめざすと書く。[40] ここでもどのような意味の「分断」なのか、「もっと大きい敵」とは何か――蓮月の言うように男たちによる分断を意味し、敵とは家父長制を指すのか――は明示されない。「敵」という言葉は必然的に「味方」を想定して発せられる。「味方」である女性たちの間に分断はあってはならず、女性全体がその中の相違や抑圧を脇に措いて立ち向かうべき大きな敵が別に存在することが自明のこととして語られる。この語りそのものが、マジョリティによるマイノリティの声の抑圧である。マイノリティ女性にとっては家父長制もレイシズムもどちらも同じように自分たちにのしかかる壁――サラ・アーメッドの言葉で言えば「ハンマー」[41]――であり、レイシズムよりも家父長制の方が優先すべき課題であるかのような渡辺の言葉は、目の前にいるマイノリティ女性の存在を無視しているに等しい。

渡辺の文章と特集の企画・編集にあたった姿勢は少なくとも1994年の時点では、マイノリティ女性とマジョリティ女性の緊張関係に勇気を持って踏み込み、フェミニズムの問題として考えようとしている点で評価されるべきものである。しかし、「分断」や「連帯」という語の安易な使用がマイノリティ女性の声の抑圧にあたるとの認識が決定的に欠けている。それは無関心のレイシズム論が指摘するように、マイノリティ差別に対する責任を回避したいという心理を示唆しているのかもしれない。

マジョリティが差別問題にとりくむことと「連帯」

『女性学年報』から3年後に、同じようにマジョリティ女性とマイノリティ女性の間の緊張関係に踏み込みながら、マジョリティの立場性をより意識した試みが行われた。『女たちの21世紀』11号の「『マイノリティ』・女性・わたし」と題した特集である。私はその特集に在日朝鮮人研究者・活動家である金富子とともに編集委員として関わった。『女性学年報』が如実に浮き彫りにした、マイノリティ女性の声の意図せざる抑圧という問題にもう一歩踏み込む特集にできるのではないかという期待を抱いたからだ。しかし、この特集の編集委員がなぜ在日と部落というマイノリティだけなのかという当然の疑義とともに、明らかにすべきなのはマイノリティ女性ではなくマイノリティをマイノリティたらしめている構造そのものである、といった批判が寄稿を依頼した著者からも噴出し、一時は発行が頓挫しかけた。『女性学年報』と同様に、マイノリティへの差別の問題はマジョリティの問題であり、それにどう向き合うのかをマジョリティこそが語らなければならないことが、ここでも十分には理解されていなかったのである。

ただ『女性学年報』との違いは、上記のような過程を経て、安易に連帯を語れないことが明確に自覚されたことだった。それは渡辺美奈による「編集後記」（ここに編集の過程で噴出した問題も率直に報告されている）の次のような一節に表れている。

女性問題は「男性こそが問題だ」と日頃感じつつも、「マイノリティ」のことは「知らされる側」に安住しようとしていた傲慢さを思い知らされました。「言われなくちゃわからない」ということは、言い換えれば「言われなければ、分からないでいられる」という、もうそれ自体が「特権」であること。だからこそ、「なぜ、知らなかったのか、知ろうとしなかったのか」を自分自身に問う作業がなければ、同じ事を繰り返してしまうということ（中略）しかし、私自身もまだ揺れていて、「自分の問題として考える」ということが具体的にどういうことなのか、わからなくなります。（113頁）

マジョリティの特権論が海外から輸入されて広まるずっと以前に、マジョリティの特権が強く意識され、マイノリティの抱える問題はマジョリティの問題であることが認識されている。その意味で30年近く前のこの対話の試みは今から見ても意義深い。とりわけ、差別する側に位置するマジョリティがマイノリティへの差別にどのように自分の問題としてとりくむかという課題は、「連帯」とは何かという問いとも深く関わり、日本社会において差別される立場にありながら、外国籍者や先住民族などに対してはマジョリティの位置にある部落女性にとってきわめて重要な問題である。これまでひとくくりに「部落女性」と語ってきた女性たちも当然のことながら同質ではなく、「障害」や、性的アイデンティティ、セクシュアリティ、階級といったさまざまな異なる差別・抑圧のシステムの下に、少しずつ（あるいは大いに）異なる現実を生き、互いに非対称な権力関係におかれている。こうした複数の抑圧が相互にどう関係しているのか、一つの抑圧のシステムからの解放は他の抑圧のシステムからの解放につながるのかといった問題の探求はまだ始まったばかりと言ってもよい。ようやく近年になって、インターセクショナリティという用語でこうした複数の抑圧システムの相互関係やそこに作用する権力関係にアプローチできるようになったかもしれないが、レイシズムやジェンダー差別の長い歴史を考えれば、マジョリティとマイノリティの関係のあり方、連携や協力のあり方について性急に答えを求めることは、これまで見てきたように他者の抑圧につながる危険をはらむ。

グッドマンのマジョリティの特権論は、社会の中で何らかの意味で不利な立場にある者は自らの特権に気付きにくいと指摘している。マイノリティでありかつマジョリティの立場にも立つ部落女性はまずこのことに自覚的でなければならないだろう。異なるマイノリティ集団に属する女性たちが連帯しようとするとき、まず互いの経験の共通性に注目が集まる。それはときに、どちらがより抑圧されているかという「競争」に転化する。大阪の部落のある女性活動家が語った「識字では、みんな生い立ちを言うと［引用者注：差別のために十分な教育を受けることができなかった被差別集団の女性たちにとって、識字学級は読み書きを覚えるだけでなく自分の経験を語ることで差別への認識を深めていく場でもあった］、『うちのほうがもっと苦労やってる』って一時間でも二時間でも貧乏比べです。そうなったら部落と在日とが対立です」[42]というエピソードは、その「競争」の危険とそれへの警戒の必要性を伝えている。

部落女性にとって他のマイノリティ女性との連帯への入口の一つとなるのは、例えば戦前の部落解放運動が植民地支配や侵略戦争に抵抗できなかったことや、部落民自身が満州への入植者となった歴史を学ぶことであろう。植民地主義が現在も形を変えながら継続し、その中でアイヌ民族や琉球民族、在日朝鮮人の女性たちが生きて行かざるを得ないこと、現在の外国人労働者や難民への日本社会の対応がレイシズムであり、日本社会で部落差別を持続させているものと決して無縁ではないこと（その関係の解明は今後の部落差別研究とレイシズム研究の課題である）を知ることも、現在を生きる者として必要不可欠である。

「連帯」とは一方的な「支援」ではなく、共通の目標に向けた連携、協力、支え合いでなければならないと考えるが、同時に相互の間の非対称な権力関係を変える実践でなければならないだろう。アメリカのブラック・フェミニスト、ミッキ・ケンダルは、ホワイト・フェミニズムに求めるのは、周縁化されたコミュニティがフェミニストとしての活動をできるように、持てるプラットフォームと資源を提供することだと述べている。[43] これは非部落の主流のフェミニズムにとっても、部落女性にとっても、重要な示唆であろう。

おわりに――レイシズムの根の深さに向き合う

部落差別が見えない、部落女性を知らないという事実、すなわち部落女性の不在はレイシズムそのものを体現している。部落女性の声が聞こえないとしたらそれは聞いてこなかったからだ。本稿でも紹介したように部落女性は何十年も前から部落解放運動の機関紙やさまざまな雑誌・研究誌で、より最近はインターネット上でも発信している。しかし、そうした声はまるで聞くに値しないものであるかのように関心を払われてこなかった。部落女性の不在はまさに差別の顕現する場なのである。その不在、不可視化の構造を作り出し維持する側に主流のフェミニズムも位置している。そのことに対する認識の欠落はきわめて深刻であると言わなければならない。

それが端的に表れているのが、「シスターフッド・イズ・グローバル」をめぐる上野千鶴子の認識である。このスローガンが「女性の共通の経験を素朴に前提する本質主義と批判された」ことを認めつつも、「回顧的に考えれば、その標語は人種と階級を超えて女性の集合的アイデンティティへと同一化するための『投企』を促す概念だった。そしていったんそこを通過することによってこそ、フェミニズムは次の段階、すなわち女性の多様性の承認に行きつくことができたのである」と書く（傍点引用者）[44]。女性としての集合的アイデンティティへの糾合を経て初めて多様性を承認できた――これはマジョリティ女性のレイシズムを自ら表明したものにほかならない。「シスターフッド・イズ・グローバル」が叫ばれていたときにすでに、いや、それ以前から、その標語がマジョリティ女性を中心にしたものであることをマイノリティ女性は批判していた。多様性は当然に事実として女性の間に存在している。それは誰かから「承認」されるものではない。にもかかわらず「承認」という語を使い、誰が「承認」するのかを明らかにしない（自らに問わない）ところに、まさにマジョリティの視線が表れている。さらに言えば、「多様性」はたんに多様な状態を指す言葉であることを離れて、差別‐被差別の関係やマジョリティとマイノリティの権力の非対称性を覆い隠す働きを持つが、そのことの暴力性にも無頓着である。マイノリティ女性が問題にしてきたのは、まさにこのようなフェミニズムにおけるレイシズムである。上野があっさりと「超えて」と書く人種と階級は、簡単に超えられるものではない。簡単に超えようとせず、粘り強く考えていく必要がある。インターセクショナリティという概念が指し示すのは、そうした思想的・実践的態度であろう。

フェミニズムやジェンダー研究／女性学におけるマイノリティ女性への関心のなさをレイシズムという言葉、概念を使って認識することが重要なのは、とりもなおさず現代のレイシズムがレイシストのいないレイシズムであり、人種が隠され曖昧にされることでレイシズムが継続・強化されるからである。そして、その無関心が個人の意識の問題というより、レイシズムが社会を広く覆い、そこに根付いていることの表れだからだ。レイシズムの根は私たちが考える以上に深い[45]。フェミニズムがそれを免れていると考える根拠はどこにもない。

部落の先人の女性たちは、レイシズムとフェミニズムを相交わらない別々のものと考えるのではなく、どちらを優先すべきかという序列化に陥るのでもなく、自分たちが生きるための拠り所となるようなフェミニズムを、フェミニズムという言葉で表さなくとも求めていたはずである。それを言葉に、形に表すことがいまの世代の私たちに求められていると思う。

1　部落解放同盟が中心となって設立された国際人権団体（本部・東京）。日本だけでなく世界各地のマイノリティや先住民族などへの差別にとりくむ。

2　ただし、日本政府は同条約第4条（人種的優越又は憎悪に基づく思想の流布、人種差別の扇動等の処罰義務）を憲法に定める表現の自由等に抵触するおそれがあるとして留保した。国連人種差別撤廃委員会は表現の自由との両立は可能として、差別禁止措置を日本政府に求めている。

3　黒川みどり『創られた「人種」　部落差別と人種主義《レイシズム》』（有志舎、2016年）

4 鵜飼哲「レイシズムの地政学」『思想』2021年9月号、No.1169、5頁
5 熊本理抄『被差別部落女性の主体性形成に関する研究』（解放出版社、2020年）20頁
6 同右、242頁
7 同右、281頁
8 同右、283頁
9 同右、283頁
10 同和対策審議会答申（同対審答申）は、1960年に総理府により設置された同和対策審議会が内閣総理大臣から受けた「同和地区に関する社会的及び経済的諸問題を解決するための基本的方策」についての諮問に対し1965年に提出した答申。部落問題の解決が国の責務であることが確認された。この答申にもとづき、1969年に同和対策事業特別措置法が制定された。
11 『女たちの21世紀』11号（1997年6月号）、22頁
12 鄭暎惠「フェミニズムのなかのレイシズム――〈フェミニズム〉は誰のものか」江原由美子・金井淑子編『フェミニズム』（新曜社、1997年）89－113頁
13 佐藤文香・伊藤るり編『ジェンダー研究を継承する』（人文書院、2017年）220頁
14 同右、195－196頁、198頁
15 同右、508－509頁
16 同右、510頁
17 同右、509－510頁
18 Mills, Charles W, *Black Rights/White Wrongs: The Critique of Racial Liberalism*, Oxford University Press, 2017, p. 49
19 例えば上杉聰『部落《むら》を襲った一揆』（解放出版社、2011年）を参照。
20 阿久澤麻理子『差別する人の研究――変容する部落差別と現代のレイシズム』（旬報社、2023年）87頁、95頁

21 Bonilla-Silva, Eduardo, *Racism without Racists: Color-Blind Racism and the Persistence of Racial Inequality in America* (Sixth Edition), Rowman & Littlefield, 2021

22 同右、90－91頁

23 neglectは無視、軽視、放置、怠慢、不注意などの意味があるが、ここではそれらを総合して無関心と訳す。

24 Elias, Amanuel 'Racism as neglect and denial,' in *Ethnic and Racial Studies*, 2024, Vol. 47, No. 3, pp. 483-505

25 鳥取県人権意識調査結果報告書、2021年（2020年調査）、27頁

26 『解放新聞』2022年3月25日号

27 ダイアン・J・グッドマン『真のダイバーシティをめざして――特権に無自覚なマジョリティのための社会的公正教育』（出口真紀子監訳、田辺希久子訳、上智大学出版、2017年）

28 阿久澤、2023年、174－175頁

29 鳥取県人権意識調査結果報告書、2021年、26頁

30 同右、24頁

31 マイノリティ女性の女性差別撤廃委員会に対する活動については、以下を参照。https://imadr.net/wordpress/wp-content/uploads/2016/12/afb4085a070c5945387dab348d2e7f55.pdf

32 コロナ下の女性への影響と課題に関する研究会「コロナ下の女性への影響と課題に関する研究会 報告書～誰一人取り残さないポストコロナの社会へ～」2021年4月28日

33 「在日コリアン女性、困難は　コロナ禍、大阪の団体調査」『朝日新聞』2021年2月22日

34 蓮月「フェミニスト部落民の友によせて」『女性学年報』15号（1994年10月）、21頁

35 同右、23頁

36 同右、24頁
37 渡辺和子「〝マイノリティ〟とフェミニズム」『女性学年報』15号（1994年10月）、6頁
38 同右、4頁
39 同右、2頁
40 同右、7頁
41 サラ・アーメッド「ハンマーの共鳴性」藤高和輝訳『現代思想』2022年5月号
42 山中米子「女性差別と部落解放運動・女性共闘」反差別国際運動日本委員会『マイノリティ女性が世界を変える！――マイノリティ女性に対する複合差別』（解放出版社、2001年）100頁
43 Kendall, Mikki. *Hood Feminism. Notes From the Women That a Movement Forgot.* Viking, 2020, p. 239.（邦訳『二重に差別される女たち――ないことにされているブラック・ウーマンのフェミニズム』川村まゆみ訳、DU BOOKS、2021年。ただし、いくつか重大な誤訳があり、別稿でその問題性を指摘する。）
44 上野千鶴子「再生産費用の分配公正を求めて――家父長制と資本制・その後」上野千鶴子・江原由美子編『挑戦するフェミニズム――ネオリベラリズムとグローバリゼーションを超えて』（有斐閣、2024年）53頁
45 例えばミルズはリベラリズムがそもそもその出発点から現代にいたるまで人種的他者を排除してきたことを捉えて「人種主義的リベラリズム」（racial liberalism）と呼んだ。Mills（前掲書）を参照。

第2章　祖母、母、わたしと婦人水平社の姉妹たち

宮前千雅子

個人的なことから考える部落差別、女性差別

わたしは、部落に暮らしたことのない部落出身者である。結婚差別や度重なるハラスメントなど、部落出身であることと女性であることの上に積み重なるさまざまな体験をしてきた。でもその都度、応援してくれる仲間やパートナーと、ゆるやかなネットワークを築きながら、なんとか生き延びている。

まず稿を起こすにあたり、わたしが部落差別や女性差別について深く考えるようになった実体験を述べることから始めたい。部落出身を知ったのは、大学に入学してすぐ、母の言葉によってであった。母は「うちは血筋が違うから、（部落出身であることは）隠せ」という言葉でわたしに部落出身を告げる。彼女が「違う」という言葉に込めたのは、ことさら「悪い」という意味合いであり、それは母の表情や声色からありありと伝わってきた。悪い血筋などどこにも存在しないのだが、母はそう思い込んでいたのだ。それが、周囲の非部落民から投げかけられてきた言葉であることは、あとあとわかってくるのだが、それはトゲのように刺さったままになった。文字の読み書きができない祖母のことも含めて、幼い頃から多くのことを隠すよう強いる母のことをわたしは好きになれないでいたが、さらに軽蔑するようになる。

ただ、大学では歴史学を専攻していたことから、わたしは自分で部落問題（歴史）を学んでいこうと考えた。また、女性学や女性史についても積極的に学びたいと思った。そのなかで、抱くようになったひとつの違和感があった。それは、女性史にも部落史にも、部落女性がほとんど登場しないことだ。

たとえば日本女性は戦後、専業主婦化が進んだとされる（落合１９９４）。わたしが学生時代からともに学んだ同世代女性の多くは、その歴史と自らの母親の生き方を重ね合わせて納得していた。しかしわたしの母や叔母など周囲の女性で、一時期であれ仕事を辞めて専業主婦になった女性など、ひとりもいない。例外もあろうが、少なくともわたしの身近な女性の姿は日本女性の歴史には位置づかないし、研究のなかで部落女性が取り上げられることもほとんどない[1]。

それは部落史においても同様だ。そこには女性の姿がほとんどみえない。前近代はもちろん近現代においても、差別に呻吟し、抵抗の声をあげ、主体的に行動した部落民は大半が男性だった。女性史においても部落史においても、部落女性は不可視の存在とされてきたのだ。

しかし、１９９０年代半ばから、折に触れ、水平社の時代を生きた部落女性たちの残した文章を探し、集めてきたわたしは、彼女らの存在を知っている。この小論をしたためるよりも、何倍も、いや何百倍もの勇気を振り絞って書かれたであろうそれらの文章は、彼女らの生きた証だ。そしてそれらは、地域にも運動にも縁のないわたしにとって、苦しんだり困ったりしているときにそっと背中をなでてくれたり、押してくれたりするかけがえのない存在でもある。一度も会ったことはない彼女らが、いつの間にか、祖母、母、そしてわたしにつらなる大切な人たちとなった。

本稿では、彼女らの残した文章を中心に、100年前を生きた部落女性が何に苦しみ、困難を抱えていたのかを明らかにしていきたい。そして、彼女らがそれにどのように抗おうとしたのかについても触れてみたい。彼女らの訴えは、部落フェミニズムが100年を超える営みであることを証明するだろう。

なお、資料の引用に際して、読みやすさを考慮して、適宜片仮名は平仮名に、旧字体を新字体に改め、歴史的仮名づかいを現代仮名づかいに変更して句読点を補った。またルビについては元の資料に付されたもののうち、難読と判断したもののみ残した。

2　不可視とされる部落女性、それに抗する部落女性

部落女性が不可視のものとされてきたのは、被差別部落という共同体内においてもであり、運動団体内においてもであった。その証左ともいえるのが、1922年の水平社宣言における女性の不在だ。宣言が呼びかける対象は「兄弟」であり、称揚すべき祖先も「男らしき」という修飾語がつくのだから男性であろう。

これについては、時代の制約と解釈されてきた（伊藤1987）。しかし、わたしはそうではないと考えている。なぜならば、宣言の作成にもかかわった平野小剣《しょうけん》の複数の文章では、「兄弟姉妹」双方に呼びかけられているからだ。宣言が姉妹に対して呼びかける可能性は、開かれていたのではないか。しかし水平社は、呼びかけないという選択をしたのではないのか（宮前2022b）。

その行為は、部落女性をさらに周縁化させ、不可視化に拍車をかけた。なぜならば、部落出身者の普遍形は部落男性であり、部落差別といえば部落男性が遭遇する差別問題であると、運動団体自らが宣言したことになるからだ。さらにその行為は運動の目的から部落女性の課題を外し、やがて運動の主体からも部落女性は排除され、彼女らが立ち上げた婦人水平社の活動も終わってしまう。

しかし、まずここで紹介したいのは、それに対する当時の部落女性のささやかな抵抗ともいえる実践だ。水平社創立の1年後に婦人水平社が設立され、次第に部落女性たちが筆をとっていく。運動への参集を呼びかけるそれらの文章において、彼女らがどのように対象者を表記しているか、細かなことだが、そこに使われる文字とそのルビに注目してもらいたい（すべて漢字もルビも資料に掲載されている文字）。

たとえば後で紹介する『水平新聞』に投稿したケイは、仲間に対して「兄弟姉妹《けいていしまい》」や「姉妹《きょうだい》」などと呼びかける（第3号、1924年8月20日）。関東で活動した松下實子は、同じ読み方（ルビ）でも「兄弟《きょうだい》」「姉妹《きょうだい》」の二通りを使う（『自由』第1年第4号、1924年11月1日）。さらに前田はな子は「姉妹《きょうだい》」「兄弟姉妹《きょうだい》」と広く呼びかけていく（『愛国新聞』第8号、1924年5月11日）。わたしには、ルビも含めてが彼女らからのメッセージとなっている気がする。自分たちも運動の主体である、との表明のように読めるのだ。

ここではわずかな文字だけの紹介に留めるが、部落女性は抵抗をしてきた。言い換えるならば、存在しなかったのではなく、それに気づく人、気づこうとする人がいなかったのだ。

以下、彼女らがどのような抵抗の声をあげてきたのか、それを追うことから始めよう。

3 〈婦人〉水平社創立前夜

いまのところ、歴史上、はじめて自らの本名を名乗って声をあげた部落女性は、刀禰《とね》静子であろう。彼女は水平社創立前の1921年に、「穢多村の娘に生れて」[2]「おお、呪われたる穢多村よ」を『婦人公論』に相次いで発表している（第6年第8号、1921年7月10日／第6年第13号、1921年12月1日）。前者は部落差別を宿命としてあきらめて生きていくべきか、部落を出て新たな人生を歩むべきか、苦しい煩悶の吐露である。と同時に、部落差別を「社会制度の大きな欠陥」と指摘し、また部落民衆からの差別への反対運動が「一日でも早く来たらんことを切望」すると述べる。

後者は、差別の実態をいくつか挙げ、それを「社会の欠陥」「社会が悪い」と断ずる。そして、差別する社会に対して、「お前達が穢多といえば、頭から侮辱して嘲笑して軽蔑してかかるのだ。お前達の仲間にだって、良い者も居る代わり悪い者もいるだろう。私達の仲間も同じことなのだ」とし、最後に「愛をもって純真な愛をもって接してくれるように、衷心からお願いする」と訴える。刀禰は水平運動に参加することはなかったものの、その創立を予期してもおり、また部落差別の責任は社会にあることを見抜いている。部落女性がはじめて自らの名を明らかにして社会に大きく問題提起したその第一歩は、部落出身を明らかにしたうえで、部落差別に対する社会の責任を問うことから始まった。

その翌年、同じく『婦人公論』に2人の部落女性が相次いで文章を寄せる。その背景には、次のようなことがあった。まず同誌上に発表された佐野学の「特殊部落の婦人達に」(第7年第11号、1922年10月1日)は部落女性に水平運動への参集を呼びかけ覚醒を促すものであったが、京都で部落改善事業にかかわるひとりの非部落女性がそれへの反論を投稿した(第7年第12号、1922年11月1日)。その内容は、部落の生活環境は「身の毛のよだつ程野蛮」、部落民は「病的発達を遂げた体質の人が非常に多」いなどとしながら、部落女性の大半は「無学」「無智」なので佐野の言う覚醒など成し得ない、それよりも「子供の教育の普及が第一」と強調するものだった。確かに子どもへの教育は重要だろうが、各所に差別的な文言があふれる論稿である。

それへの反駁として、名取みちと木本夜詩子と名乗る2人の部落女性が続いた(第8年第2号、1923年2月1日/第8年第3号、1923年3月1日)。名取は先の投稿者の非部落女性に対して、部落差別を作り上げ容認しているのは非部落民だと批難し、木本もまた、非部落民が「人間を冒瀆して来た」と抗弁する。また名取は、先の論稿がときに「特種部落」という語を用いることに対して、「私共は特別な『種』なの」かとレイシズム的な思想を問い、また木本は部落全体を野蛮視する態度に、それは「部落民特有のものでない」と過度の一般化を喝破した。そして名取も木本も「資本主義経済」などの社会制度が差別の基礎にあることを指摘し、部落女性に団結することを提起して「立て!特殊部落の婦人よ」と呼びかけた。名取についての詳細は現段階では不明だが、木本夜詩子は水平社創立大会で演説した岡部よし子の別名である(宮前2021)。

名取と木本の論考は、『婦人公論』という大きな印刷媒体を通じて社会全体に広く投げかけられたものであり、多くの読者に部落差別だけでなく部落女性の存在そのものを強く印象づけたであろう。それら双方ともが、さきほどの刀禰と同じく、部落出身を名乗ったうえで、差別を作り出す社会制度を問い、部落差別に対抗するために書かれたものであった。その視座が女性としての経験にまで広がるようになるのは、婦人水平社創立時まで待たねばならない。

4　部落女性の苦悩と困難

『婦人公論』上で木本と名乗った岡部よし子は、この1年前、水平社創立大会で演説した唯一の女性である。彼女は部落女性に広く運動に立ち上がるよう呼びかけたが、その際に彼女らが抱える困難を「二重、三重の差別と圧迫」と表現した（木村1974）。この「二重、三重の差別と圧迫」が具体的に何を指すのかは、のちに別の女性によって言語化されるのだが、その実際はどのような経験だったのだろうか。

それぞれ、学ぶ場、働く場、恋愛・結婚、家族のなかという場面に分けて、部落女性自らが綴った文章を中心にそれらを分析していこう。

学ぶ場で

学校は、当時の多くの部落の子どもたちにとって、生まれ育った地域から離れ、見知らぬ人や地域と出会うはじめての場であった。しかし彼女らの残した文章を読むと、学校での被差別体験が多いことに気づく。

長野を拠点に広く関東で（婦人）水平社に参画した高橋くら子は、小学校時代のことに触れ、クラスの遊びの仲間に加えて欲しいと頼んでも「『チョーリ[3]と遊べばけがれるからいやだ』とすげなく」断られると書く。それを教員に訴えると「お前達がわるい」と逆に叱責され、そのような友人や教員の態度から退学した部落女性もいたとする。また彼女が高等女学校進学を目指して勉強を始めたとき、ある男子生徒から「くら子はチョーリだから試験に受からない」と大勢の前で侮辱された。相手が男性であったこと、周囲に多くの人もいたことから、高橋は言い返したい気持ちを抑えてその場を耐えしのぶ（『自由』第1巻第1号、1924年7月25日）。

製糸工場で働く高橋みすえの体験は、次のようなものだった。小学校卒業を間近にした頃、読本の時間に教師が「このうちにエタ[4]の子がおるならば手を上げなさい」「エタの子には本を読むことを許しません」と笑いながら子どもたちに尋ねた。「エタ」の意味も知らなかった高橋が手を挙げずにいると、友人が「みすえさんはチョウリ[5]」と告げた。教師は「チョウリもエタも同じだから、本を読むことを許しません」と彼女の手から本を奪い、それを見たクラスメートは「大きな声で笑」うのであった（『自由』第1年第4号、1924年11月10日）。このように、本来であれば差別を注意すべき教員が、ともに差別する例は少なくない。

福岡の小学3年生の部落の少女は、普段から学校において差別的な言動を投げかけられていた。ある日、いつもの女児から「お前はエタの児であろうが…、生意気だな…」などといった言葉をぶつけられる。抗議したところ「エタにエタというた」だけで問題ないと反論され、教員が2人から話を聞くことになった。部落の少女が事情を説明したところ教員が「『あんたはエタといわれて』も問題ない、『あんたはエタであろうもん』」と非部落児童と同じ言葉を返した。泣きながら自宅に帰った少女は井戸に飛び込む寸前で近所の人に引き留められたという。その後、地域の水平社で学校に抗議運動をおこなうが、しばらくの間、教員は発言の事実さえ否認したと報告されている（『水平月報』第18号、1926年4月1日）。

小学校卒業以降も、同様の体験は続く。さきの高橋くら子は、地域ではじめて高等女学校に進学した。その女学校の修学旅行の折、宿泊先での就寝時、他の級友たちは「いつのまにかみんな自分のふとんを（高橋の布団から、引用者）離して敷」いていたという（東1979）。

大阪で水平運動に関わった糸若柳子《りゅうこ》は、戦後のききとりのなかで女学校時代のことを語っている。1年生のあいだは「（糸若が部落出身であることを、引用者）だれも知らんかったから、よかった」が、2年生になったときに知り合いが入学してきて言いふらされ、それで「いっぺんにひろがっ」た。ある日の親睦会で「糸若さんはな、新平民[6]やさかいに、あの人のハンカチでお菓子、つつまんとこな」と友人が言い合っていたことを後から知る。「わたし、部落民やいうこと、もう知れてるんやなあ」と涙が出たと語る（『解放新聞　大阪版』第435号、1980年12月1日）。

小学校在学時にも「小石を投げられたり、ののしられたり、ツバをはきかけられた」り、「地獄」のような経験をもつと語るFS子は、卒業後、産婆養成所に入る。部落出身であることは秘密にしていたので、わずかな「一道の光明」もあると思われたが、小学校の同級生が来てすぐに「バレてしまった」。そして「エタの児だ」「四ツ[7]の娘だ」と言われて誰からも相手にされなかったと嘆く（『水平月報』第2号、1924年7月15日）。

これら以外にも、「エタ」や「チョウリ」「新平民」といった語を用いての侮蔑や排除はたくさん語られている。それは「物心つく頃から」の経験でもあったように、当時、ごく当たり前の行為だったのだろう（『水平月報』第1号、1924年5月1日）。それは非部落民側の優位性や普遍性を背景にした権力構造に基づく行為であり、とくに部落女性にとって名指す側が男性であった場合、抵抗や抗議は極めて困難だった。

彼女らの体験の背景には、現代の部落女性のききとりから熊本理抄（熊本２０２０）が指摘したのと同様に、「他者からの名指し」（他者規定）が存在する。それは前近代の身分関係を前提とした、非部落民からの一方的な行為であり非対称的な権力関係だ。熊本は、その名指しによって部落女性が自己否定に陥るなど、自尊感情が削がれ主体性も奪われてきたことを指摘している。

名指されるという体験は、１００年前に限らず、おそらく歴史を通じて部落女性たちが経験してきたことではないか。それは差別の内面化や無力感、自己否定など、熊本の指摘する事態と通底するものだろう。また、糸若柳子やＦＳ子のように、アウティングと隣り合わせのものでもあった。アウティングは、部落出身者が見かけだけではわかりづらいという点を悪用した行為でもある。部落出身を明かさないという行為は差別が存在する社会を生き延びるためのひとつの選択肢だが、それを大きく揺るがす事態となる。そしてアウティングそのものが、部落出身を明かさ<ruby>な</ruby>いから明かせない状態に追い込み、もはや選択肢ではなく強制となってしまう。ＦＳ子の「バレてしまった」という言葉が示すように、恐怖感や不安感など、とうてい安心してはいられない日常だ。

宮地尚子は、マイノリティ体験がもたらす精神的影響をトラウマととらえた（宮地２００５）。また、香山リカはアメリカ精神医学会が２０２１年1月に発表した声明を糸口にして、人種的トラウマという概念に触れている。それは「人種差別により累積的に与えられるトラウマ的な影響」であり、「歴史的、文化的、コミュニティ的なトラウマ」でもある（香山２０２１）。北米先住民研究からアイヌ民族の研究に導入されている、歴史的トラウマも同様だろう（北原２０２１）。

100年前からつながる部落女性の恐怖感などは、この人種的トラウマや歴史的トラウマという概念で理解できうるのではないか。彼女らが差別を受けることで味わう不安感や恐怖感、孤立感、無力感と、差別を怖れるがあまりに抱える同様の感情は、決してひとりひとりの個人的なものではなく、集団的に、歴史的に、そして構造的に継続してきたものではないか。彼女らの体験を、多角的な視座から丹念に分析する必要性を痛感する。

その名指しを無化しようとする「エタにエタというた」だけなどの言葉は、部落民から抵抗の言葉を奪おうとする力を伴い、差別を増幅させるものとなる。当時は教員もその「名指し」や増幅行為に積極的に加担し、部落の子どもから学ぶ権利を奪っていったのだ。

さらに、数は多くないが、幼い頃からの女性に対する教育についての無理解を嘆く声もある。たとえばケイは「女に余り学問させせなくともよいという間違った考え」があるために「満足に小学校を卒業した者が少な」いなど、部落女性の教育の権利が侵害されていることを指摘する。そして社会の現状や仕組みを知ることもできず自らを「卑しい人間であると思い定めて」諦めてしまうとする（『水平新聞』第3号、1924年8月20日）。

また京瀬宮子は、生まれ落ちた瞬間から「お前は女だから女だからと親からして馬鹿になるよう」に虐げられ、「本質の弱いもの」になってしまうと語る（『愛国新聞』第2号、1924年3月11日）。それは旧制中学校数と高等女学校数の非対称性に象徴されるとおり、男性に対する教育機関は整備されているが「女子の教育機関は非常に少な」く「女子に対する教育の門戸を閉ざしている」社会と、輻輳《ふくそう》する部落内の事態である（『自由』第1巻第5号、1924年12月1日）。

1899年には高等女学校令が制定されて女性に対する中等教育が整備されたものの、進学する余裕のある者は部落内ではごくわずかだった。ただ、初等教育の就学率などをみると、部落全般のそれが低かった訳ではない。だが男女とも低い部落は、総じて女児が低く据え置かれている。その背景には、部落のなかでも男児と女児とに対する教育観が異なり、女児を学校へ通わせることを当然視しない風潮があった。不就学の実態は、より困難を抱える女児に厳しく作用したのだ（宮前２０２２ａ）。彼女らはそういった状況が部落女性から学ぶ自由を奪い、差別の原因が被差別者側にあるのだと考えてしまうような諦観につながっているると指摘しているのである。

働く場で

学校を卒業した彼女らは、労働の場に赴く。そこでもまず存在するのが、学校と同じく名指しに伴う侮蔑や排除である。先ほども紹介した幼い頃から賤称語を投げかけられるなどして苦しんできたFS子は、やがて「産婆」となり自宅からさほど離れていない町の病院で「看護婦」として勤めたが、同僚から「陰口」を言われて長くはいられなかった。一転して植民地の病院で勤務するが、そこでも同じことが起こる。いまは帰国して別の県の病院に勤めているが、「同じなやみはしつこく」つきまとうと記す（『水平月報』第2号、１９２４年7月15日）。

このような意識は教員として働く者にも作用し、新聞に投書した女性は知人の部落女性が結婚した当地で小学校の「訓導」になったものの「素情」が問題視されて学校から放逐され、さらに夫からも「捨てられ」自死したと悲しむ（『水平』第1巻第1号、１９２２年7月13日）。ある「女学生」は子どもの口から「エタの先生に教わるなんか嫌」という言葉も聞かれると書く（『全水大会告知』１９４０年8月20日）。

それはカフェやおでん屋で働く部落女性も同じだった（『水平新聞』再刊　第13号、1931年11月25日、再々刊　第15号、1936年1月5日）。労働の場においても一方的に名指される存在であり、それをもって侮蔑や排除の差別をうけることに変わりはなかった。

それ以外にも差別事象はあった。「郡是製糸会社」は「女工募集人」を使って小学校卒業間近の女児がいる家庭を訪問させるのに際して、被差別部落は訪れさせなかった。すなわち部落女性を雇わないという「不文律」をもっており、それを「習慣」として頑なに改めない様相が、明らかにされている（『水平新聞』第21号、1928年3月1日）。当時の紡績や製糸業といった産業革命の中心となった産業において女性も含めた部落出身者を雇わない、もしくは部落出身者はいないことを前提とする会社や工場も存在したのだ。

ただし金子マーティンが指摘するように部落女性が完全に排除されていたわけではなく、とくに1920年前後には低賃金労働者として朝鮮人や沖縄出身者とともに寄宿舎を別にするといった待遇をうけながらも積極的に採用されることさえあった（金子1984）。だが、同じ工場で働く部落女性が朝鮮人女性を差別する事例もあったという（金子1994）。決して忘れてはならない事実である。

紡績女工として働く部落女性の生活がどのようなものだったのか、のちに労働争議の場となる福岡の原田製綿所で働く女性の語りから、その生活を追ってみよう。彼女は「義務教育もろくろくにうけずに」この会社の「女工」として勤め、朝7時から夜8時までの工場労働に加え、時間外における「機械の掃除」で帰宅するのは夜の9時を過ぎ、そこから夕食の準備をするのだという。1日13時間働いて日給はわずか50銭たらず、「止めてしまえ」と思うこともあるが家計のことを考えるとそれもままならないとする。栄養不良や睡眠不足のため「不治の病患におかされ」「短い一生を終る」者もいると語り、「自らの生計に対する呪詛《じゅそ》」「無言の諦め」、これ以外にはないと嘆く（『水平月報』第17号、1926年1月1日）。

1916年に施行された工場法では15歳未満の者と女性の労働時間は、1日あたり12時間を超えてはならないとされている。右の女性が語る1日13時間の労働は、法律違反状態の劣悪な労働環境だ（工場法には15年という猶予期間があった）。また若干時期はずれるが1922年1月の賃金表では「綿糸紡績女工」の日給は全国平均で1円16銭、福岡県の平均で97銭となっており、先の「50銭たらず」のように部落女性が働く製綿所の賃金の低さが際立っている。ただし、そういった「哀史」と表現しうる生活を「哀史」ととらえることなく過ごした女性たちの姿も、珍しくなかったという。なぜならば、彼女らは幼い頃から生家で仕事を手伝っており、厳しい工場労働をさほど「きつい」と感じなかったからだ（金子1994）。

いずれにせよ、原田製綿所で働く女性の語る「呪詛」や「諦め」は、日本資本主義を支えた紡績工業の根幹を成した女性労働者でありながら、劣悪な労働環境のもと低い賃金に押しとどめられる部落女性労働者の課題であると同時に、さらにそこからも排除されうる存在としての思いが絡まり合ったものといえはしまいか。

恋愛・結婚

恋愛・結婚に際して、さらには結婚後において、相手が部落出身であることを理由に反対したり離婚するよう強いる、そういった例について考察していきたい。

部落の外で暮らしていた中川しげ子は、幼い頃にも部落出身を暴かれた経験があった。仕事のために赴いた南洋では故国を離れた日本人同士、「互いに親しみ合えるもの」と考えていたが、現地で知り合いに会い、そこでも部落出身を暴露される。恋仲にあった青年からは、「ものいうたら汚《けが》れる」とまで言われた。彼女は勤め先からも追い出され、次の奉公先として紹介された店は性売買も営む店であり「地獄の生活」を送ることになったと嘆く（『婦人の国』第2巻第1号、1926年1月1日）。

先にも紹介した新聞に投書した事例には、いったんは結婚したものの部落出身が問題となり職場から追われた女性が、夫からも虐げられて自死したことが記されている（『水平』第1巻第1号、1922年7月13日）。

初期の水平運動で積極的に活動した中西千代子は大阪市内の被差別部落の出身だが、非部落男性と結婚した後に部落出身を理由に離婚させせられた経験をもつ。中西と同郷の西岡糸子は夫に部落出身を告げずに結婚し、半年後にそれを告げたところ夫は受け入れてくれたが、9年後、舅の結婚に差し障るという理由で離婚させられる。彼女は「死んで了《しま》った方がよいのでしょうか…」と問う（『水平』第1巻第1号、1922年7月13日）。

同じく大阪の福島市子は、ある非部落男性と恋愛関係になり相手の父親もいったんは2人の結婚に賛成するが、興信所の身元調査で福島の部落出身が明るみに出て以降、反対に転ずる。その理由は「先祖の清い血をけがすことはできない」というものだった。2人の決意が固いとみると父親は、「若しお前が穢多の娘と結婚するのなら、俺は死んでしまう」と脅迫するかのような言葉を吐く。結局、福島は身を引き、相手の男性も「家の相続人」としての「重い責任」を理由に別れることを決意する(『主婦之友』第7巻第5号、1923年5月1日)。

1918年9月の『丁酉《ていゆう》倫理会倫理講演集』には、部落女性との結婚に悩む男性の相談とそれへの回答が掲載されている。そこで記される家族や親族からの反対意見は、「多少の由緒ある私の家系」に「潰《つぶ》れた血」が交わること、罪もない子孫が社会から「擯斥《ひんせき》」されること、自分自身の「将来栄達の芽」が摘まれてしまうこと、その3つだ。[8]

これらの事例から、部落女性との結婚反対や離婚事例に強く影響を与えているおもなものは、「戸籍」や「家」の論理、「清い血」「潰れた血」などの「血」にまつわる意識、といえる。戸籍は、それに記載されることによって「国民」として把握される登録簿であり、それはすなわち日本国籍を有することを意味した。そしてその国籍は、当時は父系を通じて伝えられる父系血統主義である。すなわち「子孫の方からみた遡及性」と「祖先の方からみた波及性」という縦に連なる連続性に支えられており(田代有嗣1974)、レイシズムとも重なり合う。また民法によって規定された「家」制度は、家名や家産などの世代を超えた継承を目的とするものであり、これもまた「祖先」から「子孫」という縦関係の系譜意識を増幅させ、それらが戸籍と関連しながら「清い血」「潰れた血」などの意識を醸成していった。そして「家」制度は、妻は婚姻によって夫の「家」に入るなど女性を男性に従属するものと規定しており、それらが複雑に絡み合うなかで、当時の人びとの秩序観や行動様式を形成した。それらを基盤とする親族共同体が、部落民、とりわけそのなかに新たに入ろうとする部落女性を強く排除したのではなかろうか。

家族のなかで

家族との関係性について、京瀬宮子は次の様に語る。彼女は夫と結婚して10年、子どももひとりいるが「夫も舅も姑も私に対しての愛等は些《ちっと》も」ないと断言する。子どもの教育だけでも自分の望むようにと思うが、それも許されない。「夫は外に女を作って」ほとんど家にいない。女性の「姦通」は「法律上の罪」となるのに対してなぜ「男の不義を制裁する法律が作られないの」かと訝しみ、女性を「虐げる事」を当たり前とする社会に疑問を呈している。それは親のために「止むを得ず娼妓になった」友人の身の上にも通ずると述べる(『愛国新聞』第2号、1924年3月11日)。

またケイは、部落男性に対して自分の妻や姉妹、母を「智識が低いもの」として見下したり軽視したり侮辱していないかと問いただす(『水平新聞』第3号、1924年8月20日)。ほかにも女性は「奴隷扱い」されるために生きているのかと非難する声(『自由新聞』第1号、1925年6月10日)、「女は男の附属物かの様」だと告発する声など(『水平月報』第14号、1925年10月15日)、女性の男性への従属を基本とする「家」制度のなか、つねに男性(夫)が支配的立場に位置する非対称的な関係性を問う声も数多くみられる。

ただし家族についての彼女らの声は、京瀬のもの以外、自分の体験として語られたものではなく、数多く寄せられているものの非常に抽象的であって、教育や労働などにまつわる声に比してあまりにも理念的すぎる。京瀬も部落女性かどうか不明であることに鑑みると、とくに家父長的家族を生きる私的領域内の関係性を自らの体験や生活と結び付けて直截的に批判する部落女性の声はほとんど存在しない。これはいったい、何を意味するのだろうか。

ひとつの可能性として家族関係のなかで抱える自らの困難を具体的に記すことは父や夫などへの批判につながることであり、彼らの部落共同体や水平社という運動体内での立場を意識すればするほど、その構成員が読む可能性のある機関紙誌での具体的な記述は差し控えられたのではあるまいか。あるいは家族内の権力関係やそこでの尊厳・自由の喪失を当然視し、困難として見出すことができなかったことも考えられる。いずれにせよ、その状況は、部落女性にとって親子や夫婦といった親密な関係性のなかで、自らが危機的な状況に陥ったとしても受忍することを意味したのではなかろうか。

たとえば佐々木健太郎（佐々木２０１６）が阪本清一郎の妻・阪本数枝ではないかと推測する『水平新聞』「婦人欄」に記事を書いたケイを、数枝だと仮定してみよう。数枝（ケイ）は、さきにも紹介したように、自分の妻や姉妹、母を見下したり侮辱したりしていないかと部落男性に問いかけている。実生活においても、数枝は清一郎から「馬鹿」などという言葉を「口ぐせのように」言われ、罵倒され、精神的暴力ともいえる行為を受けていたのであるから、それを具体的に記述して論理展開していくことも可能だった。にもかかわらず、数枝はそうせずに右のような表現にとどめたと考えられる。その背後には、水平社創立メンバーのひとりとしての阪本清一郎への配慮があったのではないか。『阪本数枝日記』をみると、数枝は清一郎の言動を自らへの「侮辱」ととらえ夫との非対称的な関係性に苦悩しながらも、「家」や子どものため、そして「世間体」などを前にして、その関係性を破棄することなく受け入れていく。（大賀２００９）。

部落共同体内での部落女性の困難は、「家」制度や家父長制といった部落内の男性支配に起因する。だが、それらを告発できない共同体内の関係性があった。本来、彼女らにとって、部落共同体内、そして家族内は、部落差別がある社会を生き抜くうえで安全を保つためのシェルターともいうべき存在だ。しかし、彼女らの声を読むと、そこが必ずしも安全で安心できる場ではなかった可能性がある。

ここまで学ぶ場や働く場、恋愛・結婚、家族のなか、各場面における部落女性の苦悩や困難を概観してきた。彼女らの経験は、部落への侮蔑意識や忌避意識、資本主義社会における貧困問題、さらには血統主義にもとづく恋愛や結婚とそれに内包される価値規範や社会制度、そして「家」制度や家父長制といった部落内外に存在する男性支配が絡まり合った体験であった。それは部落外では過酷な困難として体現し、部落内では彼女らから告発の声を奪っていった。それらは部落男性の経験とも、非部落女性の経験ともまったく異なる、部落女性独自の経験である。

5 婦人水平社の創立とその思想

1923年3月、京都市公会堂で全国水平社第2回大会が開催された。60を超えた提案のひとつに、「全国婦人水平社設立の件」があった。その様子を報告した資料によると、提案者の阪本数枝は代表演説において、部落民は「長い間の因習」によって人間としてのあらゆる権利が奪われているうえに、部落女性は「男の人に依て此の上に圧迫されて」きたと訴えたという。そして、「如何に男の人が立派であって、永久に男のみでは此の水平運動は出来ないのであります」と部落女性の運動への決起を呼び掛けた。[10]

その提案は可決され、全国婦人水平社が設立されることとなった。ここで注目すべきは、提案者の阪本数枝が部落差別だけではなく男性支配をも射程に入れている点だ。すでに紹介した刀禰静子や名取みち、そして木本夜詩子らは、明確にしていなかった点である。婦人水平社という部落女性の運動団体が設立される意義が、ここに訴えられたともいえよう。だがその運動は、後で述べるようにスムーズに進められた訳ではない。

翌年、雑誌『水平』の後身として発行された水平社の機関紙『水平新聞』の第1号から第5号に、「婦人欄」が設けられる。それは婦人水平社の活動が具体的に進まないなか、水平社が部落女性の運動に何を期待し、また部落女性自らが何に向けて活動を展開しようとするのか、公的に表明する場でもあった。第1号と第2号はそれぞれ小見山富恵と山川菊栄という労働運動に関わる非部落女性によって、第3号と第5号（第4号に「婦人欄」はない）はケイと名乗る部落女性によって書かれた。

第1号、第2号については、部落女性に対して水平運動への参加を強く要請するものだったが、とくに第2号（1924年7月20日）の、山川菊栄による「部落の姉妹へ」を紹介したい。山川はある地方の学士が部落女性と結婚したことを「人道のため」「正義のため」の結婚だと新聞がもてはやした事例を挙げ、その実、その結婚は借財返済のためではないのかと非難したうえで、そのような結婚に甘んずる部落女性とその親の態度を次のように書く。

然《しか》し、禍は、特殊民に生れたということにあるのではなく、特殊民たることを恥ずる、この理由のない卑下、卑屈にあるのです。自分で自分を奴隷視し、賤民扱いする所にあるのです。人間が人間と生まれたことを恥じてどうなりましょう。

山川の主張は、「この（水平、引用者）運動が浸透することを切に希望する次第であります」との締め括りの一文にあるように、部落女性を運動に誘うものだ。しかしながら、山川は部落女性が自らを卑下する現状を、幾度にもわたって「卑屈」「奴隷根性」と難ずる。確かに当時、そのような部落女性は多数いたであろう。しかしそれは差別にさらされた被差別者がマジョリティ側から注がれる差別意識を内面化してしまうという構造的問題（これもトラウマの一種ではないか）であり、決して山川が書くような「理由のない」ものではない。

これに続いたのが、ケイと名乗る部落女性の2つの論稿であった。いずれも「部落婦人の立場から」との表題で、それぞれ部落男性に対して、非部落女性に対して、部落女性を侮辱などしていないかと訴える内容である。とくに第3号（1924年8月20日）では、部落女性の「三重の苦しみ」を明らかにしたこと、そして山川を含む労働運動関係者への反論が述べられていることが注目される。

まず、後者から確認してみよう。

（前略）私共部落の婦人は、余《あま》りに此の屈従に慣れ過ぎて居ります。その理由は、経済的に貧乏な為と、学校での差別のキツイ為と、女に余《あま》り学問させなくともよいと云《い》う間違った考えとの為に、私共部落の姉妹は、満足に小学校を卒業した者が少く、つまり教育の自由をさえ与えられていないのです。それで段々卑下の心を高めて、現在の社会の有様やしくみ等はもとより知る筈《はず》もなく、（中略）自分等は卑しい人間であると思い定めて、（中略）アキラメきって居る人々が多くあります。（中略）近頃は（中略）部落婦人の立場を考えずに新聞で或《あるい》は雑誌で、部落民内外の男女の方から、私共姉妹に自覚を促されるのを度々見受けますが、誠に不愉快でなりませぬ。例《たと》えそれがどれ丈《だけ》御理解された人々にせよ、今迄《まで》の立場から直接の迫害を加えなくても間接にもせよ、私共を苦しめていた側の人である以上、どうして私共のこの苦しみを知ることが出来ましょう。

ケイは部落女性がなぜ卑下に陥るのかをとくに差別と貧困、そして学びの欠如という視点から明確に説明したうえで、直接に山川への言及はないものの、自らの立ち位置を問うことなく「善意」を装ってなされる言説について鋭く問うている。また表題の「部落婦人の立場から」にも、意図が込められてはいまいか。山川の表題は「部落の姉妹へ」だが（第1号の小見山富恵の表題は「水平社の姉妹達へ」）、「姉妹」のなかの権力関係を疑わずに安易に「姉妹」を語るその態度に抗議するため、あえてそれを用いなかったともとれる。

そして前者の、部落女性の「三重の苦しみ」については、次のように述べていく。

それは申すまでもなく、一、部落民であるが故に（男性よりも遥かに多く侮蔑を受けています）二、生活の自由がない故に（殊に部落民は職業の自由を奪われている為に、大ていプロレタリヤで経済上に搾取されています）三、女性であるが故に（之は部落婦人に限らず一般社会的に男子より奴隷的扱いを受けています）苦しめられている事です。

つまり、部落差別と階級差別、そして女性差別ということになろう。それぞれの具体的な事象は明らかにされてはいないが、水平社創立大会で岡部よし子が述べた「二重、三重の差別と圧迫」について、ここでようやく言語化されたことになる。続けて部落男性に「その家庭の妻や姉妹に対し、其の母に対し、女であるから男より智識が低いもの」などと「軽視したり、侮辱したり」していないかと疑問を呈して、「女は生れ乍らにして、男性よりも愚かな者であり賤しい者でしょうか。（中略）女の知識の低いのは女自身の卑下する罪ばかりではなく、寧《むし》ろその原因は男ばかりで作られたる現在の社会のしくみの罪であると思います」と述べる。部落女性の運動が、男性支配のなかで構築されてきたこれまでの社会制度や価値規範などの一新だと強調する。そして第5号（1924年10月20日）において、非部落女性に対して「我々部落民を差別したり、排斥したりしていないでしょうか」としたうえで、部落女性に「二重三重の鉄鎖を断ち切り、楽しいよき日を一日も早く建設」しようと締めくくった。

以上の記事を概括すると、次のようになる。第1号、第2号の記事は、水平社に賛同する労働運動関係者が、部落女性に対して水平運動への立ち上がりを求める内容であった。そしてそれは水平社の期待でもあったろう。ただその期待は、運動の主体となることまでは想定していない。水平運動の指導者のひとり、阪本清一郎は、婦人水平社の立ち上げを考えたのは、活動で地域を回っていると「男が女からブレーキをかけられているようなケースもあった」からだと戦後になって語っている（鈴木裕子1987）。つまり男性主導の運動を阻害しない程度まで、ということになる。

しかし第3号、第5号のケイはそれに止まらない展望を示した。単に水平社の一員として部落男性とともに運動に参画する段階から、自らの課題を意識してその克服を目指す部落女性独自の運動の方向性を指し示したのだ。さきほど紹介したように、第2回大会の阪本数枝の言葉にも、部落女性の置かれた状態を部落差別と女性差別から説き起こす文言はあった。ケイは、さらに明確化させたといえるだろう。それまでの部落女性が差別に抗議する言葉はひろく社会全般に投げかけられていたが、ケイの言葉は、部落女性の書いたものとしては管見のかぎりはじめての部落男性に対する、非部落女性に対する異議申し立てでもある。

自らの立ち位置を明らかにしたうえで、自らの経験から社会構造を読み解いてその変革を迫り、権力者に問題提起して応答を求めていく。現在までも続く、部落女性の独自の戦略ともいえよう。部落女性の、そして婦人水平社の立脚点が明確に示された。

その後、運動に参画する部落女性たちも積極的に水平社の機関紙誌に投稿を重ねていく。そのなかで自らの置かれている状況を訴えるひとつの言葉が「二重三重の威迫」「二重三重の苦境」「二重三重の迫害」などであった。これらの言葉は、部落女性の闘いの道具でもあったといえよう。

6 婦人水平社の活動

ケイの声が「婦人欄」に掲載されたころ、各地にあいついで婦人水平社が設立されていく。たとえば、1924年10月1日には埼玉県で児玉婦人水平社が、11月1日には福岡県で金平婦人水平社が、そして翌年3月12日には大阪府で新堂婦人水平社が設立され、明確な月日は不明ながら奈良県や大阪府向野《むかいの》でもこの時期に同様の動きが確認できる。地方での動きが婦人水平社の運動の実際であったことに鑑みると、ケイが運動の基軸を提示した時期はまさしく、部落女性が自らの課題を実感していく時期でもあったのだろう。以下、具体的な運動がある程度明らかになっている福岡の事例から、ひとつの労働争議について紹介しよう（宮前２０２３）。

さきに紡績工場で働く女性の経験を紹介したが、その女性が働いていた原田製綿所において、１９２５年12月、労働争議が起こった。原田製綿所には12歳から15歳の「女工」２００人が勤務しており、その半数近くが部落女性であったという。すでに触れたとおり、製綿所で働く女性たちの労働環境は劣悪で、働く時間は長くなおかつ賃金は全国平均の半分程度であった。

その課題解決のために、他の団体の応援も受けて立ち上がったのである。まず、「女工」たちの保護者を説得した。自分の娘たちが働く工場の劣悪な労働環境とそれを原因とする健康悪化、しかし娘の働きがなければ生活ができない、といった現状を問題視し、その解決策の必要性を訴える内容の文書を作成・配付、地域の寺院で集会を開いた。そこで13条からなる歎願書を作りあげて会社に提出し、そのほとんどが認められるという成果をあげる。その内容は、休憩時間の設定や就業時間の短縮、残業の廃止、日給の引き上げなど、労働環境改善に大きく寄与するものだった。

その後、福岡では地域の婦人水平社を基礎にして、県の連合体を築いていく。そのなかで部落女性たちの視野も大きく切り拓かれ、シスターフッドも育まれていった。福岡県婦人水平社の創立を機関誌で伝える菊竹トリの言葉が、そのことを物語っていよう。県内から６００人の部落女性が集まり、創立大会の何から何までをすべて女性たちでやり遂げたことを受けて、彼女は「かくも多くの頼もしき姉妹があるのだ」と感慨を込めて記している（『水平月報』第11号、1925年7月1日）。また菊竹は、彼女らの運動は「日本の社会運動中の婦人の運動の中での一進歩」であるべきだとも語り、「無産婦人デー」につながるものだとも述べる。ここでいう「無産婦人デー」とは現在の国際女性デーのことであり、彼女らが部落女性の運動を日本の社会運動のなかに位置づけ、さらには国際的な視野にまで広げていることが注目される。

だが、彼女らの活発な動きが確認できるのは1926年頃までで、1928年以降、その活動を追うことは難しくなる。婦人水平社の活動は、非常に短期間で終わったといえる。なぜ終わってしまったのか、部落女性が抱えていた課題、水平社の課題、それを取り巻く労働運動や市民運動の課題と、3つの点に分けてごく簡略的にその理由を挙げる。

まず部落女性の抱えていた課題である。それは、彼女らの運動が比較的富裕層の運動に終始していた、とされる点だ（鈴木1987）。確かに文字の読み書きができないような貧困層の女性たちの課題は、共有されづらかっただろう。さらにわたしが付け加えるならば、私的な関係性における権力関係である。とくに本稿でも触れた、私的領域内の男性支配を告発しづらかったことは、部落女性の独自の課題を明確化できなかったということであり、運動を具体的に進められなかったことにもつながっていよう。

つぎに水平社の課題である。すでに水平社宣言に女性への呼びかけが欠如し、運動の主体として部落女性はとらえられていなかったことは述べた。それに加えて、ホモソーシャルとも表現されうる水平社の体質もあった。水平社関連の機関紙誌には、「茨城県猿島郡新郷村中田　遊廓一同」などの紙面広告が散見される。貸座敷、すなわち性売買営業者の広告である。それは水平社が公娼制度利用者である異性愛男性を読者（水平運動の主体）と想定しており、家庭の困窮から性売買に身を投ぜざるを得ない女性は度外視していることを示す。このような水平社に、女性たちの課題が共有されうるとは、到底考えられない。

さらに労働運動や市民運動の課題である。共産党が主導する左派の労働運動は、次第に階級闘争を前面に押し出し、水平運動もその影響を受ける。その流れを受けて、運動の要求項目のひとつに「植民地婦人」や「水平社婦人」の項目を挙げて連帯が模索され始めていた左派女性たちの動きは、やがて潰えてしまう（宮前2022a）。またその女性たちのなかにも、部落女性や部落そのものを忌避していたのではないかと想起される点もある（宮前2022a）。市民的女性運動にいたっては、おそらく部落女性や婦人水平社についてはは歯牙にもかけていなかったろう（藤目1994）。そして市川房枝がその機関誌に簡素なコメントを寄せたように、やがて彼女らは融和運動に動員されていく[11]。いずれにせよ、部落女性からの問いかけに一切答えることはなかった。

7　部落フェミニズムを実践する

女性の権利がほとんど認められておらず、政党に加盟することすらできなかったその時代において、婦人水平社を立ち上げた部落女性の苦闘から、いまを生きる者として、わたしたちは何を学ぶべきであろうか。

「二重三重の差別」として自らの困難をとらえる認識は、差別とたたかう大きな道具となり、それを手にした部落女性は積極的に声をあげるようになる。自らの立ち位置を明らかにして社会構造を読み解き、問題提起していった。

熊本によると、「二重三重の差別」は戦後の部落解放運動のなかで1950年代にふたたび部落女性によって使われ始めるという（熊本2020）。わたしは、かつて、それを「部落女性が受け継いだ大切なバトン」と呼んだ（宮前2023）。「二重三重」が彼女らを取り巻く抑圧や権力構造を説明する言葉であるならば、そのバトンは、部落女性のなかにも存在する権力関係を見抜いてこそ、であろう。

だとすれば、本稿でも記した同じ紡績工場で働きながら部落女性が朝鮮人女性を差別することがあったことは、きっちりと部落女性の歴史に記憶しておかねばならない事実だ。また、婦人水平社設立を提起した阪本数枝は、戦時下、地域において国防婦人会の会長を務めた。水平社だけではなく部落女性もまた、戦争の一翼を担ったのである（宮前2022b）。

さらに本稿において、部落女性の抱える不安感や恐怖感を人種的トラウマや歴史的トラウマとしてとらえ返すことができるのではないかと提起した。わたしにとってそれは、長年、刺さったままになっていたトゲを抜いてくれるものでもあった。母ひとりの体験としてではなく、歴史を通じた部落女性の体験として理解することで、歴史や集団、社会が浮かびあがってくる。個人的なことは政治的なことなのだ。

自らの立ち位置や経験から社会制度を読み解き、問題提起していった部落女性の運動も、それを証明して余りある。本書もまた、その実践のひとつといえよう。わたしもそれにつらなるひとりとして、諦めることなく抵抗の声をあげていきたい。

1 1980年代から1990年代にかけて編まれた女性史の論集には、少ないながら部落女性が登場することもあった。しかし、ここ最近になって編まれたジェンダー史の成果には、さまざまなマイノリティ女性は登場するものの、部落女性についての言及は全くない。詳しくは（宮前2022a）参照。
2 部落出身者に対して用いられる差別的呼称。前近代の身分呼称に由来する。
3 関東で用いられることのある差別的呼称。前近代の身分呼称に由来し、2・4と同義。
4 2に同じ。
5 3に同じ。
6 明治4（1871）年の賤民廃止令（いわゆる解放令）で「穢多」身分を含めた被差別身分は廃止され、平民同様となった。それを受けて、新しく平民になったという意味合いで、明治以降に使用され始めた差別的呼称。
7 部落出身者を人間ではない動物（四つ足の動物）だとする差別的表現。
8 『丁酉倫理会倫理講演集』第193号（1918年9月10日）
9 『阪本数枝日記』（水平社博物館所蔵）
10 「全国水平社第二回大会状況報告」より。
11 『融和事業研究』第13号（1930年11月15日）

参考文献

伊藤雅子『まっ直ぐに生きるために』（未來社、1987年）
大賀喜子「阪本数枝にみる水平社とジェンダー」『人権問題研究』9号（2009年3月）
落合恵美子『21世紀家族へ　家族の戦後体制の見かた・超えかた』（有斐閣選書、1994年）
金子マーティン「紡績工業における被差別部落婦人労働試論」『部落解放研究』第40号（1984年7月）
金子マーティン「戦前期繊維産業における被差別集団出身の女性労働者」『歴史学研究』No.

664（1994年10月）
香山リカ「差別と複雑性トラウマ――人種的トラウマ、マイクロアグレッションに焦点をあてて――」『精神療法』第47巻第4号（2021年8月）
北原モコットゥナシ「歴史的トラウマ概念のアイヌ研究への導入を探る」『アイヌ・先住民研究』2021、第1号（2021年3月）
木村京太郎『水平社運動の思い出　上　悔いなき青春』（部落問題研究所、1974年）
熊本理抄『被差別部落女性の主体性形成に関する研究』（解放出版社、2020年）
佐々木健太郎「婦人水平社と阪本数枝―日記からみえる阪本数枝の水平社運動について―」『水平社博物館紀要』18号（2016年3月）
鈴木裕子『水平線をめざす女たち』（ドメス出版、1987年）
田代有嗣『国籍法逐条解説』（日本加除出版、1974年）
東栄蔵『伊藤千代子の死』（未來社、1979年）
藤目ゆき「女性解放運動からみた婦人水平社」『部落解放』371号（1994年3月）
宮地尚子『トラウマの医療人類学』（みすず書房、2005年）
宮前千雅子「水平社の『姉妹』たちの誕生」『関西大学人権問題研究室紀要』（2021年3月）
宮前千雅子a「部落女性と婦人水平社」『戦時・戦後の部落問題』（講座　近現代日本の部落問題2、2022年）
宮前千雅子b「ジェンダーの視点から水平運動を問う」『部落解放』822号（2022年6月）
宮前千雅子c「部落女性の歴史から考察する交差性、複合差別」『部落解放』830号（2022年11月）
宮前千雅子「部落女性が受け継いだ大切なバトン――婦人水平社創立から100年をむかえて」『部落解放』847号（2023年12月）

第３章　私から、われわれ、そして私へとつながる物語

福岡ともみ

（1）私の始まり

私は愛媛県の大洲《おおず》市で生まれたが、育ったのは同県伊予郡松前町《まさきちょう》である。大洲市は母の実家で、松前町は父の実家だ。父は被差別部落出身で、母はそうではなかった。幼いころから、父には「おまえは部落出身だ。いつ差別にあうかわからない。差別には闘え」と言われてきた。母には「あなたはそうではない」と言われ、混乱していた。そんな私が部落出身者として生きる気持ちになったのは、父はよく笑い、私を笑わせてくれ、私の味方でいてくれていると感じてきたからだ。

①母のこと

小学生のころ、自分の苗字が父方の「藤岡」ではないことに不思議を感じた。父の兄たちが戦死し実質上の長男となった父が母方の氏を名乗り、同居する父の母や弟が父方の氏だったせいかもしれない。母に理由を聞いたことがある。「戦後民法が変わり、どちらの苗字を名乗っても良くなったのだ」と教えてくれた。戦後がどれほど女性を自由にしたのかを象徴するような魅力的な答えであった。「苗字が同居する叔父たちと違っていていいんだ」という根拠も与えられた気がした。いまさらながら社会制度が個人の価値観にもたらす影響は大きいと思う。

ただ、母の回答は「正しい答え」すぎてひっかかっていた。母に長年の疑問をぶつけてみたことがある。「実は、部落の氏がなくなると部落が減って差別がなくなるのではないかと思っていた」ということだった。「浅はかな考えだった、部落解放運動に関わって学習を重ねていくうちにそんなに簡単に差別がなくなるものではないと解った」と母は反省しているのだが、私にしたら、もやもやが晴れてよかった。

「被差別部落の男性と結婚するなんて論外、親戚や世間に顔向けできない、二度と家の敷居をまたぐことは許さない」と祖母から言われた母は、「もう二度と帰るまい」と決めて家を出た。当時単身赴任で不在だった祖父の反対はなかったものの、親戚一同、驚天動地となったに違いない。

父はレッドパージ[1]で職を失い、既婚の姉を頼って母の住む街に流れつき、パチンコ屋の用心棒をしていたらしい。そのパチンコ屋で働いていた母が父と知り合った。母は父から出自を開示されたわけではないのに、祖母ら周囲の人は父が被差別部落出身と知っていた。姉夫婦が住んでいたところは被差別部落ではなく姉の夫は被差別部落出身でなかったのに、である。母が言うには、姉が戦死した前夫の苗字を名乗っていて、再婚相手とは法律婚をしていなかったので、前夫の苗字から辿ったのではないかということだった。

　部落差別に対する対抗手段として氏をなくすことを選択した20代の母の思いは、母の考えた「周囲が部落を差別する心理」を照らし出していると思う。母は、部落とわかるから差別される、わからなかったら差別されない、部落とわかる記号としての氏をなくせばよいと戦略を立てたのだろう。

部落差別を飛び越えようとした母と、世間から家を守ろうとした祖母とは、家父長制社会の中で女性が抱える葛藤の表裏のようにも見える。1993年に国が実施した「調査」で「結婚相手と家柄」について訊いているが、結婚相手の家柄や血筋を問題にすることを「当然」「仕方ない」と回答した女性は48・3％、男性は7・1ポイント低い41・2％。「なくすべき」との回答は男性が57・4％、女性は7・3ポイント低い50・1％である（「平成5年度同和地区実態把握等調査」）。女性のほうが家柄や世間にこだわる傾向が強いと読み取れる。だからといって女性が保守的だと決めつけているのではない。近代社会では「二級市民」として扱われている女性は、地域社会で権力を握っているのは誰か、権力者に逆らったらどんな目に遭うかをよく知っている。理不尽や不条理にさまざまな感情がわき上がってはいるが、それらを封印し、性別役割や世間の慣習・価値観に合わせて生き延びようとする。あるいは行動に移して一気に決着をつけようとする。祖母と母がそうであったように。部落差別という心理的力動もまた、ジェンダー規範を抜きに語ってはいけないと思う。

母と祖母は、私を出産して和解する。母の生き延び戦略が発揮されたのだと思う。勘当はなかったことにされ、私と妹は春休み、夏休み、冬休みごと母の実家を訪れた。母の兄二人は若いころから愛媛県を離れて生活しており、母の姉と妹は結婚して姓が変わった。「福岡家」の「墓守」は福岡姓を保持し続けた「勘当された」母となったのである。今、「福岡家」の墓には父と私の祖母の遺骨が並んで入っている。父が受けた差別はこういう結末となった。

②父のこと

愛媛県の被差別部落は少数でかつ点在している。だから「部落の側が波立つことさえしなければよい」という意識も強い。そんな地域性で父と母は出会い、私と妹が生まれた。私は学校で同和教育を受けたこともないし、近畿圏のような部落解放運動もなかった。水平社を創立したメンバーの一人米田富から「日教組（日本教職員組合）運動の盛んなところは必ず部落解放運動も盛んである」と聞いたことがある。戦後、勤務評定反対[2]を果敢に闘った愛媛県の日教組が壊滅的弾圧を受けた影響もあったのかもしれない。

父は、差別はいつやってくるかわからない、闘えというのが口癖だった。愛媛新聞社労働組合活動家としてレッドパージを受け解雇された経験から手に職をつけろと言われ続けた。医者か弁護士になったら政治活動をしても馘《クビ》になることはないと。敗戦後、復員して日本共産党に傾倒した父は「皇居前広場での集会に行くときは、国鉄に乗って一回は座ったが、共産主義者たるもの人民に奉仕せんといかんと席を譲って東京までずっと立っていた」「争議潰しに組織暴力団が来るというので、何十本という竹を用意して先を尖らせたら、凶器準備集合罪でパクられた（逮捕された）」とか、釈放されて岐阜の親戚の家に居候していたときには「巻き寿司用に海苔買ってきてと頼まれて出かけたら、橋のたもとでデモ隊と出くわして『なにしに行くんや』とたずねたら『今から税務署に抗議に行く』というので『よっしゃ一緒に行ったる』と加勢して税務署に突入、書類を破り捨てて、公文書を破棄した罪でパクられた」「中華人民共和国に逃亡しようとして空港で拘束された」などと聞かされたこともある（どこからどこまでが本当なのか、今となっては確かめようもないが）。

部落解放同盟の前身である部落解放全国委員会の委員長・松本治一郎が愛媛県に来たときの街

頭演説を聞いて部落解放運動に共感し活動を始めたとも話していた。

差別は怖れるものという感覚を持たされた半面、父は小学生の私に武勇伝？　を面白おかしく話してくれた。祭りというと真っ先に神輿を担ぎに駆け出す父の話は私をワクワクさせた。6歳の私が縁側で物干し竿に摑まり、ぼーっとしていて庭に転げ落ちたことがある。落ちた先のサボテンの鉢植えに手を突っ込み大泣きする私。駆け寄った父はサボテンの鉢を持ち「こんなもんがあるからじゃー」と声を荒らげ、裏の川に投げ捨てた。私をちっとも責めなかった。心が軽くなった。

父は苗字が変わることをどう感じていたのだろうか。日本共産党員として活動しているときペンネームを使っていたからこだわらなかったのか。洗濯物を干すたびに、「近所、見てみぃ、こんなことをする男はいないやろ、がははは」と自慢をして「男女平等」の実践家を標榜していたから抵抗はなかったのか。あるいは両親を捨て駆け落ちした母への気遣いがあったのだろうか、これももう確かめるすべはない。

父から聞いた被差別体験は母との結婚の話ではなかった。松山市役所に勤めていた父が部下から発せられた言葉である。父は言葉の内容より、部下の父への眼差しを何度も語った。「こんなふうに（自分のことを）見ていたのかと思うと愕然とした」と蔑視と賤視のリアリティを伝えてくれた。

（2）私からわれわれへ

思春期を迎えた私は「得体の知れない差別への怖さ」を棚上げにし、自分のためではなく「人民」という抽象のために生きようとしていた。日本共産党を辞めた父の元に届いていた中国共産党の機関誌を見て「裸足の医者」の話をよく読んでいたことも影響していたと思う。「弱い立場の人に献身的に尽くすこと」「人民の解放のための自己犠牲」が魅力的に描かれていた。

①部落差別体験

大学に入ったとき、すぐに部落解放研究会（以下、解放研）に勧誘された。父が部落解放同盟徳島県連合会に連絡をしていて、そこから「愛媛県連合会準備会の活動家の娘が来る」と解放研のメンバーに伝わっていたからだ。狭山差別裁判糾弾闘争[3]が最も高揚していた時期で、すぐに東京での集会に参加するように呼びかけられた。水平社宣言も「解放歌」も「狭山差別裁判を打ち砕こう」の歌も知らなかった私は、「こんなことも知らないの」とあきれられた。期待に応えられないことが恥ずかしかった。

解放研の学習会では歴史学者の井上清が書いた『部落の歴史と解放理論』（1969年）を読み合わせて、「3つの命題」[4]を覚えた。部落差別は身分差別であり、部落差別は人民分断支配の道具にされていると理解し、政治体制の変革なしに部落解放はないと理屈立てた。解放研のメンバーが新左翼運動[5]もしていたので、私はオルグ（組織）されることになる。左翼への偏見がないので、すんなり加入した。カール・マルクスの著書『共産党宣言』『ドイツイデオロギー』など読みあさり、読書会をしたりした。どれほどの人が圧政に抗して闘ってきたか、マルクスがどんな思想や戦略を組み立てたか、それを知ることで正しい「人間の解放」が実現できると夢想した。

1974年10月31日、狭山事件で無罪判決が出るかもしれないと集まった日比谷公園で聞いたのは東京高裁による無期懲役判決だった。その感想を聞かれた私は「(国家権力には勝てるはずない)こんなもんでしょ」と答えた。抗議のシュプレヒコールを上げていても心の中には冷めた、諦めの私がいた。

私に直接向けられた初めての被差別体験は大学2年の1975年春、徳島大学の学生会館の男子トイレにあった落書きである。個室トイレの中にマジックで「名画鑑賞会4月4日午後4時解放研部室　映画『差別を永遠に〜エターナリー』上映」と斜めに記されていた。今でもその文字が目に浮かぶ。

学生会館の2階にある新聞会の部室にいた私は、「差別落書きがある」と駆け込んできた知人の知らせを受け、階段を駆け下りた。男子トイレに入り、それを見たとたん、足が床に吸い込まれていった。足首くらいまで吸い込まれて我に返った。名前はどこにもないが、私のことを指していると感じた。当時の解放研には部落出身者は私しかいなかったからだ。部落を蔑称する隠語の数字「4」の羅列、「エタ」という言葉、「差別が続くことを求める」メッセージ、人格が全否定されて存在が消されていきそうだった。

差別落書きの発見は解放研の仲間の憤りを生んだ。私はといえば「憤り」にまで届かず、自分の存在が消されそうな感覚、「なんでこんなことを書く人がいるんだろう」という人間への漠然とした不信を抱えたままだった。

糾弾闘争が始まった。私ともう一人の部員でハンストをして抗議を表明し、大学当局に解放教育の推進を求める公開質問状を出すことにした。ハンスト中は、昼間は教室へ行って授業前のアジテーション（演説）、休み時間は休み時間で、ビラまきをした。当時、学生自治会は日本共産党がヘゲモニーを取っており、自治会は「作られた徳大差別事件」「第二の八鹿事件」[6]とキャンペーンを繰り広げた。学内は一触即発の状態となった。糾弾集会を何度か開いたものの、大学当局は質問状には一切答えなかった。

今から思うと私は、存在を全否定された被差別体験によってトラウマ[7]（心のケガ）を負ったのだろう。仲間が憤り、一緒に運動を組織し、共感してくれる人が増えること、また自分なりに差別への抗議をアジテーションという形で言葉にしていくことで、差別落書きを見たときの「存在を否定された感覚」は薄れていった。私の孤立無援感は「糾弾闘争」というプロセスが癒やしたのだと思う。

しかし私の「存在を否定された感覚」や「人間への漠然とした不信感」については仲間で分かち合うということはしなかった。「被差別体験でショックをうける」のは自明の理で、聞く必要も話す必要も感じなかった。差別に対しては闘うか否かしか選択肢はなかったのだ。いまさらであるが、この差別落書きは実にうまく構成されている。ターゲットを決めた無駄のない蔑称語の並べ方で、それが鋭利な刃物のようで怖い。落書きを見たときの私の反応は、当然の反応だったと思う。

②部落解放運動に感じた魅力

「冷めた私」が少し変化していくのは、前述した大学での差別落書きに直面したことと1975年に部落解放同盟奈良県連合会の、差別映画『橋のない川』上映阻止闘争を巡る裁判（以下、『橋のない川』公判闘争）に参加したことからだった。それは大阪高等裁判所（以下、高裁）での公判だった。弁護士会館前に行くとたくさんの人が集まっていた。解放同盟の人たちや労働組合員や学生が隊列を組んで高裁前に移動すると、門は閉ざされたまま。廷吏が待ち構え、「示威行動は禁止されている。裏門から三々五々入るように」と通告してきた。被告とされた沖縄青年[8]がマイクを持って「我々は裁かれに来たのではない、差別をする側を裁きに来たのだ」とアジテーションした。なんだか、すかっとした。続けて「裁きに来たのだから裏門からではなく、正門から堂々と入る」と言い放つ。「いくらなんでもそんなことはしないだろう」と高をくくっていた私。しばらくして、「行くぞっ」と号令がかかる。すると「おぉーっ」という掛け声とともに高齢の女性も男性も含め、次々と門扉を越え始めた。「この人ら、ほんまにするんや」と鳥肌が立った。急いで柵を乗り越えた。構内に入ったら何隊もの隊列がジグザグデモを始めた。パクられるかもしれないと、どきどきしながらスクラムを組んだ。

そのときの私は「やると言ったことはやる」光景に「冷めた自分」のかっこ悪さを自覚させられた気がした。マルクスやエンゲルス、レーニンの書いたものを読んでいても「臆病」で「冷めた」自分を真正面から見ることはできなかったが、『橋のない川』公判闘争で自分の姿を目の当たりにした。

（3）われわれから私へ

①新左翼との決別

私は1975年を境に、部落を拠点にした運動というより、新左翼運動にがんばるようになる。

新左翼の組織は男性中心組織だ。がんばるモデルは「男並みに」、より強くなることだった。私の日常は暴力を礼賛する日々だった。公安警察に追尾されたり追尾を切断したり、ガサ入れ（家宅捜索）されたり、無言電話や脅迫電話に対応したりとアドレナリンが出っぱなしで、過覚醒状態が続いていた。暴力や脅しがもたらす心理的影響や、暴力が人間の尊厳の破壊だなんて考えもしなかった。内心ではびびっているくせに「やられたらやりかえす」がスローガンだった。

転機は1990年にきた。新左翼組織の幹部の不正行為について仲間たちとともに問題にすると決めたことからだった。当初、私たちの主張は受け入れられ、その幹部は重い処分を受けるはずと思っていた。しかし、ことは簡単には進まなかった。不正を質した私たちの行為が問題にされ、最後はスパイというレッテルまで貼られた。新左翼の中でスパイとみなされるということは、テロの対象になったことを意味していた。少数派の私たちは孤立させられ、相手方のトーンはどんどん上がっていった。慄然とした。権力を持つ者が対立する者やグループにレッテルを貼るのは、ほんとうのことを隠してしまう手口なのだと思った。

私は仲間とともに脱退した。しばらくして一人の仲間が深夜、鉄パイプで襲撃を受けた。救急病院に運ばれた仲間の元へ急いで駆け付けた。ストレッチャーに乗せられた彼から「僕がやられてよかった、もうこれで（リーダーが）殺されることはない」と聞いたとき、涙が出た。辛すぎる。私は思わず「そんなこと言わんとき、誰がやられてもあかん」と言ってしまった。「人間の解放」を目指してきた組織にいて、なんで人間の「命」にランク付けをしてしまうのか。これって、すごい矛盾だと感じた。

幹部の不正行為には、これも今なら名前をつけることができるのだが、レイプやドメスティックバイオレンスが含まれていた。組織の中では、下っ端の言動は問題になり処分されても、幹部の言動は屁理屈をつけて軽い処分で不問にされ、告発した方が責められた。なんでこんなことになってしまったのだろう。あれこれと考えているとき、統一教会を脱退した山崎浩子のインタビューをテレビで見た。1993年だった。「カルト」（「反社会的宗教や破壊的政治団体」の意）による「マインドコントロール」の説明を聞いたとき、これだとわかった。組織はカルト化していたのだ。人間は思っている以上に簡単にマインドコントロール状態に置かれてしまうことを知り、集団のもつ怖さを実感した。

新左翼から脱退した私は、縁あって奈良に暮らすことになり、部落解放同盟奈良県連合会の分裂を最前線で体験することとなった。当時のトップの利権問題を追及して役職罷免を求めたが紛糾し、1993年、組織の分裂に至った。分裂は、「口で人権、腹で利権の運動でよいのか。行政依存の克服が必要ではないのか。部落解放とは何か。部落民とは何か。部落差別とは何か。部落民は『被差別の立場』だけか」など、様々な課題を突き付けた。部落解放同盟中央本部が答えを出してくれるわけでもなく、仲間たちとで考えなければならない。天下国家から論じていくと、「今、ここ」の関係性を煙に巻いてしまいかねない。分裂という選択がもたらした効果として、上部機関の指示を待ち、指示をこなすために動くというあり方の転換があった。自分で情勢を捉えて、考え、主張し、企画・実行することが求められた。「重し」がなくなった分、「自由と責任」がやってきた。

②女性としての葛藤の正体

私の抱えてきたなにかしらの「虚無」の出どころが、解りかけたのも、新左翼組織を脱退してからだ。１９９５年、第４回世界女性会議（以下、北京会議）に参加した友人が帰国してすぐ「世界はえらいことになっている」と報告会を呼びかけてくれた。10人余りの女たちが集まり、くいいるように話を聞いた。そして９月４日に沖縄で起きた少女レイプ事件と糾弾闘争の衝撃は私と友人たちを揺さぶった。沖縄「基地・軍隊を許さない行動する女たちの会」の源啓美《ひろみ》を奈良に招いて学習会を開いた。彼女の出身地である渡嘉敷島「集団自決」について語った内容は、私たちのレイプに対する認識を１８０度転換させた。源は「集団自決」は日本軍の戦略で起こされた事態とした上で、最初に殺されたのは女性たちであり、それも身近な男性たちの手で殺されたこと、理由が「米軍が上陸したら女性はすべてレイプされ辱めを受けるから」だったことに触れる。そして「なぜレイプされた女は生きていてはいけないのでしょうか」と指摘したのである。源は、沖縄女性の立場から軍隊と戦争の性差別性を看破した。戦時下、女性の生殺与奪権を男性が有していたことを示し、戦後社会との連続性をも問うたのである。北京会議に参加した友人は「自分の中で地殻変動が起きた」と表現したが、私も同感だった。

「虚無」の根っこは、小学１年時に受けた性暴力被害がもたらした自分の身体と世界へのイメージだったと気づいた。近所の男の子たちに誘われ、納屋の屋根裏に上がった。面白そうな遊びが始まるのかなと思い、ついて行った。そこで「お医者さんごっこしよう」と言われ、わけもわからないまま寝かされた。そしたらキスされた、そこまでは覚えている。誰にも言うなよと言われたかどうかも覚えていないが、誰にも言えなかった。しかし、自分が秘密を持ち、汚《けが》れたことは自覚した。ランドセルを背負って通学する道すがら「私には汚点がある」と毎日思っていた。なぜ「汚《けが》れた」と思ったのかはわからない。図書室で借りた偉人伝『キュリー夫人』『樋口一葉』などを読んでは、彼女たちのようにはなれない、誰の自伝を読んでもそんなことは書かれていないと落ち込んだ。私に未来はないと思い、「女は男から覆い被されるもの」などと漠然と思った。のこのことついて行った自分を責め、「期待したらろくなことにならない」という信念みたいなものも生まれたように思う。思春期に向かうにつれ、体が変化するのが嫌だった、少年のような体型でいたいと思った。女であることが嫌だった私が、男のように強くなろうとする新左翼に惹かれたのは必然だったのかもしれない。

部落解放運動の中でも新左翼の中でも、性暴力被害は語れなかった。それは自分の努力で乗り越えるものだった。1995年から、それが変わった。私は一人ではなかった。男の方ばかりに目を向けて生きてきた私は対等な関係を知らなかった。男との関係は、いつも私が下で、背伸びして対抗しなければいけない関係だった。友人の呼びかけた報告会の中では背伸びしなくてよかった。気持ちにちゃんと応えてくれる関係はこんなにも居心地いいのだと知った。

ウィメンズカウンセリング京都にフェミニスト心理学を学びに通ったのもこのころだ。部落解放同盟や新左翼の主催しない学習会に初めて参加したというだけでなく、部落差別にどんな態度を取っている団体か、その団体は左か右か、左としたらどんな思想性かをリサーチせず、ただ学びたいだけで出向いた。「清水の舞台から飛び降りる」覚悟だった。でも行ってよかった。理由は学習会がフェミニストで精神科医のジーン・ベイカー・ミラーの著書『イエス、バット… フェミニズム心理学をめざして』をテキストにした読書会で、偶然、読み終えたばかりだったというのもあるし、案外、大丈夫だったからだ。大丈夫というのは部落や部落解放運動への差別や偏見に晒されず安心して参加できたというだけなのだが、裏を返せば、それだけ私が部落解放運動と新左翼以外の人間関係に臆病だったということになる。

新左翼組織がカルト化していたと前述した。カルトはその組織に入るとそれまでの人間関係を「悪」として切断することを求め、新しい名前を作り、生活を制限し、そこだけのつながりを強要し従属意識を形成する。まさに「われわれ」を主語にすべてを語るようになるのだ。私も警察からの弾圧を理由に「組織名」を作った。あらゆる評価は「革命」か「反革命」の二択だった。私の場合は警察からの嫌がらせで友人や親族に迷惑をかけたらどうしようという気持ちが大きく、私から関係をもたないようにしたせいで人間関係は狭まった。結果として組織への従属が強くなっていく。この組織とは男性幹部が方針を議論し決定する組織である。新左翼組織からの脱退は自分らしく生きる、女性であることを卑下しない生き方の一歩であった。男性を上に置く、孤独な縦の生き方モデルから決別し、女性であり、部落出身であり、部落解放運動をしていること、新左翼であったこと、あらゆることを卑下しなくていいんだと思えるようになった。人に傷つけられたり、人を傷つけてきたりしたけれど、それを正面から受け止め、認めることができた。

1997年、日本フェミニストカウンセリング研究連絡会第4回全国大会（札幌）のシンポジウムに参加していたとき、突然、記憶がよみがえった。小学1年の性暴力被害の場からどうやって逃げ出せたのか、全く覚えていなかったのだが、父が私の名前を呼んで探す声を思い出した。そうだった、父が私を探してくれていたんだと。シンポジストの話はそっちのけで涙が止まらなかった。

③DV被害者との出会い

1999年にはDV被害者が夫を殺してしまうという事件の裁判に関わることになる。国選弁護人が、被告となった女性の置かれた状況を「DVではないか」と考え、ウィメンズカウンセリング京都代表（当時）だったフェミニストカウンセラー井上摩耶子に被告への面会と意見書作成の依頼をしたのがきっかけだった。躊躇なく殺人事件の被告女性を支えようと決めた背景には、狭山差別裁判糾弾闘争に取り組んできた経験が活かされている。

裁判の傍聴者は公判を重ねるごとに増えていく。部落出身女性もそうでない女性も傍聴した。私たちは、被告女性、弁護人、証人の話に耳を傾けた。DVをあまり理解していなかった傍聴者たちは、DVが被告女性、子ども、家族、地域社会全体に与えた影響や被害と加害の織りかさなりも実感した。

傍聴した後に毎回、話し合いをもつことで、一人ひとりが意識覚醒した。部落出身女性は「学校の勉強が手につかなかった。帰ったらおかあちゃんがいなくなっていないかと心配で心配で」「おとうちゃんがおかあちゃんを毎日のように殴っていたのは、うちが貧乏だったからでも部落差別のせいでもなかった。なんでこんなことがわかってなかったんだろう」と話し始める。「母は、父に部落差別的なことを言われ殴られていた。その母から私も殴られていた」と語る部落出身女性もいた。子どものころに見たＤＶでどれほど傷ついていたかを自覚した。

ＤＶから脱出した女性は「ＤＶ夫を殺したいと思わない妻はいない」と語り、生まれて初めて拘置所へ面会に行った女性は「人間って捨てたもんじゃないよね」と話した。無表情だった被告人が表情を取り戻し、検察官にはっきりと答えるまでに変わった姿を見て、「(被告の)彼女を支えているつもりだったが、支えられてきたのは私たちの方だった」と語る女性もいた。

ある部落出身女性が「部落民しか支援できないと思ってきたが、そうではないとわかった。こんなにも共通の感覚がもてるとは思わなかった」と語った。部落出身女性と、被告となってしまった部落外の女性、傍聴した部落外の女性との間に地続き感を育んだのは、ＤＶ被害というトラウマの痛みへの共鳴だったと思っている。

裁判が終わって被告から受刑囚となった彼女とは年一回の面会を続け、刑を終えて出てきてからも交流は続いている。

傍聴と並行して、部落解放同盟奈良県連合会女性部内部で友人たちとＤＶ被害者支援の問題提起を始めていく。最初は「男みたいなもの、手のひらで泳がしといたらいいんや」「女も悪い」「私は被害者ではない。殴られたけど殴り返してきた。被害者、被害者と言わんといて」等、二次被害を引き起こす発言が飛び出した。「被害者＝弱い存在」という捉え方が根深かったのは意外だったが、発言をしたのは多くがＤＶ体験者だった。彼女たちに変化をもたらしたのは、なんども研修や話し合いを重ねたことと、自身にＤＶ被害を受けた女性からＳＯＳが届いたことだった。「あんたらの言うこともちょっとはわかってきたわ」と言ってもらえるようになり、うれしかった。

④性暴力被害

傍聴と毎回の振り返り作業は、パートナーとの関係を見つめ直す効果ももたらした。パートナーを優先した生活をしていること、「対等性」のない関係、話をしても伝わらない感覚を言葉にして表せるようになった。それだけでなく、記憶の蓋を開ける作用をもたらした。封印してきた子ども時代の性暴力被害を思い出した部落出身女性がいた。彼女は私にカムアウトした。カムアウトを受けた私もまた、被害体験をもっていた。同じ思いを抱えていたのは二人だけではなかった。何人もが誰にも言えず、一人で抱えていた「個人的な問題」だった。「こんなことがこんなにも起きているのか。隠したままではいられない。話をしよう」と集まることを決めた。

部落差別のことは語ってきたが、性暴力被害はなかったことにしてきた部落出身女性や部落解放運動にかかわる女性が改めて出会い直した。意識覚醒（Consciousness Raising）グループ（以下、CR）の始まりである。知り合って10年以上の女性ばかりだったが、「隠さなければならない」と思ってきた体験を語るには勇気が必要だった。参加した動機を語っていくうちに涙が溢れてくる。聴いている仲間の頬にも涙が伝い、「あなたは悪くないよ」と返ってくる。「そうやなあ、悪くないんやなあ。でも……」とまた涙。仲間に「悪くない」と語りかけるときは何の躊躇もないのに、自分に語り掛けられたときには「ほんとうに悪くなかったか」と揺れる。話し終わると、テキストの『生きる勇気と癒す力』（バス＆デイビス1997）の関心のある項目を選び、「自分を癒す決意」の項から読み合わせを始め、「サバイバル行動の再評価」「記憶の糸をたぐる」「自分のせいではなかった」「沈黙を破る」と進めた。自分の体験を語る作業が続く。「隠さなければならない」と思い隠してきたことも、自分を守るためのサバイバルスキルだったと気づく。同じことを何度語っても言い尽くせた感じがしないし、何度聞いても違うイメージが伝わってくる。

部落出身者もそうでないメンバーも、部落解放運動に「生い立ちを語る」という運動スタイルがあることはよく知っていた。しかし、そのときには自分の人生にとって重大な記憶である性暴力被害体験は語れなかった。CRを開くことで初めて、生きてきた過程を性暴力被害から振り返った。他者との地続き感は、孤立感だけでなく自責感も恥辱感も軽減した。「私は悪くない」というピースを心の中に塡《は》め込むためには、共感と共有から、自分の人生における被害の意味を発見していく過程が必要だった。

戦後、部落解放運動が大衆運動として拡がったのは1965年、同和対策審議会が出した答申(以下、答申)および1969年に公布された同和対策事業特別措置法(時限立法)に依拠するところが大きい。答申は国がマイノリティに関わる施策に責任をもつことを内外に示した画期的なものではあったが、「いわゆる同和問題とは、日本社会の歴史的発展の過程において形成された身分階層構造に基づく差別により、(中略)とくに、近代社会の原理として何人にも保障されている市民的権利と自由を完全に保障されていないという、もっとも深刻にして重大な社会問題である」と定義した。答申に盛り込まれ、運動でも強調された「部落差別こそもっとも深刻にして重大な社会問題」という解釈枠組みは差別の序列化を生んだ。

それは「DVや性暴力の背後には厳しい部落差別がある」という、加害者を擁護する詭弁を支えてきた。擁護するだけではない。告発する者に対して、差別社会の厳しさを引き合いにして「敵（＝国家権力や差別者）を利するもの」とみなしたり、部落解放戦略をめぐる政治的な対立を引き合いにしたりして「組織に混乱をもたらす厄介物」とする解釈も生み出した。

アメリカの黒人コミュニティに「汚れたシーツを人前で洗うな」という「暗黙の了解」があるという。アニタ・ヒルが著した『権力に挑む　セクハラ被害と語る勇気』（伊藤佳代子訳、2000）に見つけた言葉だが、これは被差別部落というコミュニティにもあてはまる。「汚れたシーツ」とはレイプされた証拠を意味する。「洗う」ことは、抗議であり対決の表明だ。

私の友人が、勤務先の団体幹部から出張先で性暴力被害に遭い被害届を出したとき、誹謗中傷が飛び交った。部落解放運動に長く取り組んできた女性活動家は「最後まで拒否しなかったのだから仕方ない。若くなく子どもも産んでいるのだから我慢せよ」と非難した。「抵抗したかどうか、証拠があるかないか」と質し、「加害者も悪いが被害者にも落ち度がある」として裁定した。被害に遭うことは「被害者の落ち度」「被害者の恥辱」として読み解かれ、加害者の計画的な人権侵害行為は見過ごされた。黒人コミュニティと同様のことは部落のコミュニティでも起きていた。

（4）「過去」の見方が変わると「今」の見方が変わる

①部落史の見直し

私自身が自分の人生の読み解き方の立ち位置を変え、「もう一つの物語（オルタナティブストーリー）」として書き換え作業をするようになっていたころ、奈良県立同和問題関係史料センターの主催する県民歴史講座で学ぶ機会を得た。部落史の見直しのことはわかっていたつもりで参加した私は、歴史観そのものの転換を迫られた。その時代の名もなき人々の心性から過去をとらえる見方への転換である。例えば「士農工商えた・ひにん」がすんなり信じ込まれてきた理由の一つは七五調だったからではないかとの仮説も学んだ。七五調は日本人に馴染みのリズムとされている。短歌や俳句のリズムである。内容の「正しさ」だけが人を惹きつけるわけではない。政治信条だけで人と人の関係性ができるわけではない。音やリズム、色や匂い、味、泣き笑いのツボなどは、人が他者との距離を近くに感じたり、遠くに感じたり、仲間にしたり、排除したりを判断する大事な要素になっている。差別や排除、共同性を考察するとき、政治というものさしだけで測ることはできない。その時代、その場の心性を重ねてみないと浮かび上がってこないものがある。「過去」の見方が変わると「今」の感じ方はどんどん豊かになった。

②波紋のように広がる傷つき

母と父の結婚は、地域社会にあった部落差別を撹拌《かくはん》した。関わった一人ひとりにいろんな波風が立ったはずだ。でもその波風は心の奥深く仕舞われたままである。戦前、警察官でもあった母方の祖父は宇和島市に赴任していたとき、水平社の指導者であった女性と親交があり、彼女がいかに筋の通った人だったか、エピソードを交えながら私に話してくれたことがある。祖父なりに私への気遣い、配慮があったのだと思う。

部落差別は関わったあらゆる人々に心の揺れや傷をもたらす。前述した母と祖母のことだが、祖母はなぜ娘の決断を支えず、世間体を守ろうとして勘当したのだろうか。転勤の多かった祖父は家族を連れ転々として仕事をしてきた。祖母は地縁も血縁もない地域で子どもたちと生きざるを得なかった。苦労したと思う。日本の村落共同体は相互扶助と排除の両面を持っている。その権力性を一番感じているのは、地域社会と密着して生活している女性であろう。権力を持たないものは権力を持つ者の一挙手一投足に気配りしないと生きていけない。祖母は周囲の排除のまなざしから「福岡家」を守ろうとしたのではないか。しかし祖母が守るべきは「家の世間体」ではなく、娘ではなかったか。祖母がそうできなかったのは、女性こそが人間関係の調整役割を担うべきという価値観からだったのか、はたまた、そこから外れて男性のように自分で決断して動く娘への羨望があったのか。

私は祖母や母の生き方を非難したいのではない。部落差別に逡巡し葛藤した女たちの存在を忘れたくない。

③世代間伝達トラウマ

日本のフェミニズムも社会運動も、医療・福祉・心理の分野も、マイノリティの心性、中でも民族差別、部落差別など植民地支配や日本社会特有の蔑視・賤視への関心は薄いと感じている。マイノリティ体験をⅢ型トラウマという概念でとらえてはどうかと提案する精神科医の宮地尚子は「日本のトラウマティック・ストレス研究でマイノリティが経験するトラウマの多さに触れたものは見あたらない」(『トラウマの医療人類学』宮地尚子、2005、みすず書房)と指摘する。研究者の間でも単一民族国家幻想が支配的だからかもしれない。

オーストラリアの精神科医オイゲン・コウは、トラウマは「『意識のシステムが経験を処理できないとき』に起こる」と語り、トラウマ経験の処理を「1：何が起こったのか　2：起こったことは私にどう作用しているのか　3：私は起こったことをどう感じているか　4：それはなぜ起こったか」という4つのプロセスに集約する。「私たちが経験を十分処理できれば、その経験は心に作用し続けません。あるいは『そこには何らかの痛み、痕跡があるだろうが、傷はない』「もし私たちが経験を処理できなければ、その経験は残り、心に作用し続けます。それは傷を残し、その経験はトラウマ的です」と指摘する（『トラウマティック・ストレス』2020 vol.18 No.2)。コウから直接話を聴く機会を得た私は、自分の被差別経験が傷跡はあるけれども、トラウマとして残り続けてはいない理由を理解できた。

部落差別は、政治的な位置づけで読み解かれ、そこからの解放は政治的解決を志向されてきた。個人と地域を蔑視・賤視する心性、差別がもたらす心身への影響、心理的回復へのアプローチは試みられていない。父は「差別されるぞ」と予言し、対処法を「闘え」と伝えた。大学で目撃した差別落書きは、私の存在そのものを揺るがした。父の言った通り差別はやってきた。仲間と「闘う」行為を選択したことで心の傷をある程度癒したが、この世界の怖さやびびっている私を言葉にすることはできなかった。闘う生き方を選択してきた私が、フェミニストカウンセリングと接して、怖さやびびりを紐解かないと解放はないと思い、「これからは（部落解放運動に）カウンセリングが必要」と部落解放同盟の男性活動家に伝えたら鼻でせせら笑われた。

怖さやびびりは弱音であり、弱音を吐くことは闘う者にはタブーだったのだろう。小さいころ父から受けた「差別の予言」や、私の性暴力被害体験がそうであったように、弱音やその奥にあるトラウマ的なところを語れず意味を確認できないままだと心の痛みは沈殿し、様々に影響が現れる。

コウは、ユダヤ人ホロコーストの生存者やアボリジニを対象としたアートを通し「ある世代が処理できないことは、次世代に受け渡され／投影され、そしてさらに次世代へと受け渡されます」とトラウマの世代間伝達の構造を明確にした。またコミュニティとして処理できない体験を集合的トラウマと呼んでいる。

部落差別は数百年にわたり個人だけでなく、地域にも向けられてきた。集団として差別され続けてきた者たちは、何世代にも渡るトラウマを集団として受け渡されている。ずいぶん前のこと、ある集まりで「被差別部落出身でマイノリティ」と自己紹介したとき、「あら、私もマイノリティよ。親の介護しているわ、介護者はマイノリティなのよね」とフェミニストから返されたことがある。絶句してしまった。マイノリティという表現がまずかったのかと思ってしまったが、いやいや無知すぎ、マイクロアグレッションだと今ならいえるし、世代間伝達トラウマ概念で完膚なきまでに論破していただろう（世代間伝達トラウマは歴史的トラウマに包含されているともいわれるが、私はあえて世代間伝達トラウマと表現したい。コウの定義がわかりやすいからだ）。

精神科医の香山リカは、アメリカのメンタルヘルスの論文でバッツが提唱したレイシャル・トラウマ概念を紹介し、[9] レイシャル・トラウマとは「人種差別により累積的に与えられるトラウマ的な影響」であり、「歴史的、文化的、コミュニティ的なトラウマ」が累積することによって個人のトラウマが深刻になる可能性があると指摘している。

レイシャル・トラウマというポイ[10]で被差別部落出身であること、被差別部落に暮らしているという心性を掬《すく》うと、個人的なことだけでなく立体的に生きづらさを捉えることができる。生きづらさと思ってきた様々な自分の言動がレイシャル・トラウマを生き延びようとするスキルだったりもする。私が友人たちとのCRで体験したように、サバイバルスキルという捉え直しは回復へのステップともなる。

（5）これからのスケッチ

①女性と交差性

私が日本フェミニストカウンセリング学会（以下、学会）に入って10年以上経って古本屋で見つけた本がある。フェミニストカウンセリングを日本に紹介し組織した河野貴代美が２００４年に編著し刊行した『フェミニストカウンセリング　パートⅡ』。そこに興味深い内容が書かれていた。「第Ⅲ章フェミニストカウンセリングにおける理論的背景の今後の課題」の「1女性間格差をどのように取り扱うか」「2平等のパワーポリティックスに置き去りにされたもの」で次のように展開されている。

1には「女性カテゴリーをひとくくりにしてその有効性を強調すればするほどカテゴリー内の差異は否定され隠蔽される。しかし時代の変化のなかでジェンダーの意味作用を仔細に丁寧に点検してみれば、女性というカテゴリーにひとくくりにされない女性の実存もあきらかになってくる。考えてみれば、いつの時代にも女性（の体験）が同じであることはなかったのである。またこのような被差別という普遍的状況においても、女性の被ってきた抑圧自体、実は種々多様であった」「平等はなかなか定義のしにくい事態であるとして、まだまだその平等が達成されたわけではないものの、差異の重視に自覚的である必要が、これまでにもまして要求されてくると思われる」とある。2では「これまでフェミカンは、障害者や在日外国人や老齢者に大きな関心を寄せてこなかった。もちろんその余裕もなかった。これらの人達は、それぞれの理由や原因において、『自立』能力を欠いている。このような『弱者』といえども、ケアと癒しは必要である」とある。「差異の重視に自覚的である必要がこれまでにまして要求されてくると思われる」と説いているのに、「障害者や在日外国人や老齢者」は関心を寄せる対象という客体となっている。かつフェミニストカウンセリングが関心を寄せてこなかった理由を「余裕もなかった」とする。『自立』能力に欠いている」「このような『弱者』といえども、ケアと癒しは必要である」という表現には驚かされる。

これらから読み解く河野の女性観には「障害者や在日外国人や老齢者」女性、アイヌ民族などの先住民族女性、沖縄や部落出身の女性は存在していないことがわかる。性的指向・性自認にも言及されていない。学会には2004年当時、カムアウトした部落出身女性や在日朝鮮人女性が複数いたが、すべて透明化されてしまっている。在日外国人とだけ表現して事足れりとするのは、植民地支配と日本人女性の関係を消し去るものである。河野の「1女性間格差をどのように取り扱うか」「2平等のパワーポリティックスに置き去りにされたもの」という問い立ては、レイシズムに無自覚であると言わざるを得ない。

私は「私」から「部落民」、「女性」という社会的存在を自覚してきた。そうして、「私」に交差する様々な歴史的社会的立ち位置、権力性・被支配性と身体的統合性を織り込んで「私」に戻ってきた。そもそも人間はカテゴリーにひとくくりにされる存在ではない。「私」という存在に、複数の差別や抑圧が積み上がっているのではない。交差しているのだ。様々な権力性すらも、である。

②近代的権力とトラウマインフォームドケア／コミュニティ

私が学会を今も継続しているのは、同志と呼べる友人たちとともにナラティブセラピー[11]と出会い近代権力の構造を知り、トラウマインフォームドケア／コミュニティ（以下、ＴＩＣＣ）を学んでいるからだ。

ナラティブセラピーの実践者である故マイケル・ホワイトは「近代的権力テクノロジーは、自己の規律・訓練を通して自らの人生を生産するように人々を仕向ける」（『ナラティブ・プラクティス』２０１２　金剛出版）と指摘し、「あなた方のうちどれだけの方が、私たちの文化で構成された規範と自分の人生の比較にいそしまずにいられるだろう？」と問いかける。どこかに権力の中心があって露骨な支配、弾圧と搾取を主な特徴とする伝統的権力とは違う近代的権力。自分で自分自身が近代的規範に外れていないかを監視し、同時に他者にも規範を強制する。地域社会にも浸透し、人々は相互監視という自覚なく、比較し見張りあっている。息苦しい社会だ。しかし絶望は無用、日々の関係性の上に権力が無数に存在するのだから、一つひとつひっくり返せる。

ＴＩＣＣは、トラウマを経験していない人間はいないという地点から、トラウマの広範な影響を理解し、トラウマ反応を認識し、適切な対応をして、再トラウマ化を予防するというアプローチであり、そのような地域社会の創造をめざすというものである。「ＳＡＭＨＳＡのトラウマ概念とトラウマインフォームドアプローチのための手引き」（大阪教育大学学校危機メンタルサポートセンター・兵庫県こころのケアセンター訳、２０１８・３）によれば、トラウマインフォームドアプローチの６つの主要原則として「1．安全　2．信頼性と透明性　3．ピアサポート　4．協働と相互性　5．エンパワメント、意見表明と選択　6．文化、歴史、ジェンダーの問題」が挙げられていた。６には「組織は、過去の文化的な固定観念や偏見（たとえば、人種、民族、性的指向、年齢、宗教、性的同一性、地理など）を積極的に扱い、ジェンダー対応サービスを紹介したり、伝統的文化的つながりの癒しの価値を活用します。（中略）また、歴史的なトラウマを認識し対応します」と提起していた。ちょっと感動する。

近代的権力やＴＩＣＣという概念との出会いによって、「私とあなた」の間の権力性を自覚し、近代的権力性から対等性へと志向する理念や実践方法を手にすることができたと思っている。社会システムの変革が必要ないと言っているのではない。関係性と社会システムとを照射する日々を重ねることが私にできることだ。

おわりに

私は「自分以外の何者をも代表しない」と心に決めてきた。

「われわれ」からしか、語ることも書くこともしてこなかった時期、言葉は奪われた。言葉にならない感情はくすぶって心にブラックホールを作る。自分を表せなくなり、自分を責めて落ち込んでいく。そうなるとつっぱったり、恰好をつけたりして、他者との間で気持ちを語れなくなる。

語れなくなると自分のことがもっとわからなくなる。人は他者との関係性で受容され、フィードバックされてこそ自分がわかっていく。私が自分を取り戻したのは友人たちとの語り合いからだった。自分のことを過不足なく認めることができて、自分の言葉を紡ぐことが少しずつできるようになってきた。

年を重ねても、近代的権力規範の中を行きつ戻りつしている自分を発見することがあるが、私にはかけがえのない、志を同じくする友人たちがいる。みんなを頼りにしながら肩肘はらず、近代的権力関係をひっくり返して変えられるものを変えていこうと思う。

『こぺる』、『家族写真をめぐる私たちの歴史』、『フェミニストカウンセリングの実践』に筆者が掲載した文章に加筆修正した。

1 **レッドパージ** 1950年、GHQの指令により日本共産党員などの公職追放がはじまる。政府は「共産主義者等の公職からの排除に関する件」を閣議決定し、排除は新聞、放送業界を皮切りに基幹産業など全産業に広がり、1万人以上が失職した。

2 **勤務評定反対闘争** 1956年、愛媛県で全国初の勤務評定が始まり、愛媛県教職員組合は勤務評定の結果を昇給に結び付けることは差別昇給であるとして阻止を明確にした。1958年には愛媛を中心とした反対闘争が全国的な紛争へと広がっていく。

3 **狭山差別裁判糾弾闘争** 1963年5月1日、埼玉県狭山市で女子高校生の誘拐強姦殺人事件がおきた。犯人を取り逃がした警察は被差別部落に見込み捜査を集中させ、部落出身男性を別件で逮捕し嘘の自白を強要する。彼は一審で死刑判決を受けたが二審で無実を訴えた。彼を部落解放同盟などが支援した。逮捕起訴に至る過程、審理の過程でも部落差別が貫かれているとして狭山差別裁判と定義する。2024年10月現在第三次再審請求を行っている。

4 **3つの命題** 部落差別の本質、部落差別の社会的存在意義、社会意識としての部落民にたいする差別観念を指す。詳細は部落解放同盟中央本部ホームページ http://www.bll.gr.jp/ を参照。

5 **新左翼運動** 1950年代以降、欧米などを中心にそれまでの社会主義・共産主義勢力などを「既成左翼」と呼び批判する、「新左翼」運動が起こる。日本でも1955年ごろに暴力革命を掲げた運動が大学生などを中心に広がった。

6 **八鹿事件** 1974年に起きた八鹿高校差別教育事件。

7 **トラウマ** 「個々のトラウマは、出来事(Event)や状況の組み合わせの結果として生じます。それは身体的または感情的に有害であるか、または生命を脅かすものとして体験(Experience)され、個人の機能的および精神的、身体的、社会的、感情的またはスピリチュアルな幸福に、長期的な悪影響(Effect)を与えます」。「SAMHSAのトラウマ概念とトラウマインフォームドアプローチのための手引き」(2018)より。

https://www.j-hits.org/_files/00127462/5samhsa.pdf

米国薬物乱用精神保健管理局(Substance Abuse and Mental Health Services Administration, SAMHSA)

8 沖縄青年が逮捕・起訴された理由の一つが「沖縄から監督者なしで(本土に)きている」というものだった。

9 「差別と複雑性トラウマ――人種的トラウマ、マイクロアグレッションに焦点をあてて――」(『精神療法』2021・8)

10 ポイは金魚すくいのときに使う道具。

11　**ナラティブセラピー**　オーストラリアのソーシャルワーカー、マイケル・ホワイトとニュージーランドの文化人類学者デイヴィット・エプストンらによって始められたカウンセリング技法。社会構成主義を理論的基盤とし、再著述する会話によって、人々の人生のオルタナティブなストーリーを引き出し、近代的権力操作を転覆していく。『ナラティブ・プラクティス』参照。

引用文献・参考文献

井上清『部落の歴史と解放理論』（１９６９、田畑書店）

宮地尚子『トラウマの医療人類学』（２００５、みすず書房）

ジーン・ベーカー・ミラー『イエス、バット…　フェミニズム心理学をめざして』（１９８９、新宿書房）

バス&デイビス『生きる勇気と癒す力』（１９９７、三一書房）

アニタ・ヒル『権力に挑む　セクハラ被害と語る勇気』（２０００、信山社）

『奈良の被差別民衆史』２００１

河野貴代美編『フェミニストカウンセリング　パートII』（２００４、新水社）

『トラウマティック・ストレス　2020 vol.18 No.2』pp.37-42

香山リカ「差別と複雑性トラウマ――人種的トラウマ、マイクロアグレッションに焦点をあてて――」（『精神療法』２０２１・８）

マイケル・ホワイト『ナラティブ・プラクティス』（２０１２、金剛出版）

「ＳＡＭＨＳＡのトラウマ概念とトラウマインフォームドアプローチのための手引き」（大阪教育大学学校危機メンタルサポートセンター・兵庫県こころのケアセンター訳、２０１８・３）http://ncssp.osaka-kyoiku.ac.jp/mental/wp-content/themes/original/images/mental_care/1_1.pdf

第４章　私が生きのびるための思想・生活・運動

石地かおる

（聞き手：のぴこ＋川﨑那恵）

石地かおるさんは、現在、自身が立ち上げた「自立生活センターリングリング」[1]の介助派遣事業を利用し24時間体制で介助を受け、神戸市内で自立生活[2]を営んでいる。50代に差し掛かる頃、体調の関係で事務局長を退き、現在は、介助者採用時の説明会や面接を担当したり、ピア・カウンセラーとして自立生活をしようとする障害者[3]のサポートをしたりしている。また、障害者が生きていくうえで直面する困難や人権について大学生らに伝える活動も行っている。

＊脚注で補足した用語の中には、石地かおるさんが自らの体験を通して説明したいものがあり、それらは文末に「(石地)」と付記している。

石地かおるさんのおいたち（35歳まで）

年	年齢	出来事
1967年	0歳	兵庫県揖保郡（現たつの市）で生まれる。母、母方祖母が部落民。父は非部落民。
1968年	1歳半	脊髄性筋萎縮症（SMA）と診断される。「3歳までしか生きられない」と言われ、大事に育てられる。三田市の兵庫中央病院に、佐用郡（父の郷里）から車で往復約5時間かけて月に一度通院する。障害の進行を抑える目的でホルモン剤を3年ほど投与される（効果は不明）。

1973年	6歳	兵庫中央病院（病院という名の障害児入所施設）に入院し、併設の上野ケ原養護学校へ入学。2週間後、母方祖母の力で脱走し、佐用郡に帰る。
1974年	7歳	障害児を受け入れる学校がなく、一年遅れで佐用郡の小学校へ。その年から特殊学級が開設された。夏には父が自営業を始め、母方の新宮町（旧揖保郡）の小学校の特殊学級へ転校。
1979年〜1980年	12歳〜13歳	道徳の授業で同和教育副読本「ともだち」を用いて学習。障害児のことを健常者に感動をもたらすコンテンツとして消費しようとする教材と教師を拒否。
1980年〜1983年	13歳〜16歳	姫路市立書写養護学校中等部・高等部へ。中学3年間は、本人曰く「真っ暗け」の死にたい気持ちで無口で過ごす。友達がいなくなり、当時アイドルだった「ゴダイゴ」のファン仲間と文通を通じて繋がる。
1983年〜1986年	16歳〜19歳	高等部に入り生徒会活動で一学年上のNさんと仲良くなる。普通学校の中学生との交流学習や教師の日頃の発言などを通じて、障害者差別を内面化させられる。
1992年	25歳	人生に絶望する。
1994年	27歳	Nさんが入手した「メインストリーム協会」[4]の機関誌を通じて、障害者の自立生活運動を知る。東京都町田市でピア・カウンセリングと自立生活を体験。
1997年	30歳	神戸へ出て自立生活を始める。
2002年	35歳	Nさんと「自立生活センターリングリング」を立ち上げ。事務局長就任。

今の仕事と生活について

川　崎：現在の仕事と生活について教えてもらえますか？

石　地：介助者研修の立案実施、講演、交通機関やまちづくりへの提言など、障害者が施設や親元じゃなくて地域で暮らすにあたっての困難や障壁をなくしていくための社会運動ですよね。「リメンバー7・26神戸アクション」[5]、出生前診断反対、旧優生保護法国賠訴訟支援などにもコミットしています。

リングリングの会議には、最近は自宅からＺｏｏｍで参加することが多いけど、介助者採用の面接の際は事務所まで行きます。面接の前に説明会を行い、「うちは権利擁護団体であり、介護派遣団体じゃないですよ。ここに賛同できないようだったらうちでの仕事は難しいですよ」と最初から伝える。それでエントリーされたら面接するんです。

のぴこ：権利擁護団体っていうのはどう説明していますか？

石　地：「障害者が生きていきやすいように、社会を変えようとしています」と言っています。例えば、学校が障害児の入学を拒むようなことがあれば、私たちはその学校まで抗議に行きます。ときには国会議員陳情やデモ、街中でのビラ撒きもしますよ、と。そういう運動・行動に賛同できなかったら私たちの団体で働いてもらうこと、私の介助に入ることは難しいですよ、と伝えます。

のぴこ：やって来る人たちは何か求人の情報を見てくるんですか？

石　地：今はね、バイト情報検索サイト。でも最近はほとんど来ない。説明を受けて残るほうが少ないし。だから私、初心に戻ろうとこの間、街に出て、ヘルパーの初任者研修を受けてる人たちに「介助をやりませんか？」というビラを配りました。昔はそうやって介助者を集めてきたんだから。私はね、介助をする、されるも含めて運動だと思ってる。介助に来ることで社会から障害者がどんなふうに見えてるかってわかるじゃないですか。それも含めて私と関わった人の意識を変えていくことを私はやってるんだと思っている。どこまでが仕事でどこまでが生活かと言われるとこれは難しいですね。

川　崎：生活と仕事が地続きなのは大変なときもありますよね。ちょっと息抜きしたいな、と思うときはどうされていますか？

石　地：料理が好きだから、家にいたら介助者に色々指示を出して料理するのに結構時間を使ってますね。私にとって食はとても大事なんです。母も祖母も料理するのがすごい得意で、料理を仕事にしてきた人だから、今でいう食育をされたんやろうなぁ。あぶらかすやテールスープ、ホルモンなど[6]も大好きでした。母は部落の料理は出さなかったので祖母が私に食べさせてた。

川　崎：料理好きなのはお母さんとおばあちゃんの影響があるんですね。料理といえば、私、アメリカに留学された障害者の手記[7]を読んだ石地さんが感銘を受けられたエピソードがすごくいいな！　って。インタビューで語ってましたよね、肉じゃがを作ってくださいと介助者に指示をして、肉じゃがが出てくるんじゃなくて、肉じゃがを作るところから自分でやりたいねん、という話。

石　地：自分が指示を出して、今砂糖入れてと言ったら介助者が入れてくれる。そういう介助を受けたいと、具体的に思い描いてたんです。

祖母について

川　崎：料理が上手だったおばあちゃんのお話を聞かせてもらえますか？　石地さんにはどん

なふうに接しておられたんでしょうか？

石　地：祖母は私のことが不憫であり、可愛くもありみたいな両方の気持ちがあったんやと思う。私に友達ができるようにとありとあらゆることをしてくれた。大量におもちゃやお菓子を買うてきて近所の子にばらまいたり、家のすぐ横の川に降りられるように近所の建設会社の人に頼んで階段つけさせて、池を作って、そこに子どもを集めてきて、私と一緒に水遊びできるようにしたり。でも、少し物事がわかる年齢になってきた私は、お菓子を配らないと遊びに来ないような子は来てもらわなくていいと反抗するようになった。障害者としての自覚かもしれない。

　祖母は被差別部落の出身、結婚相手も部落の人。夫（私の祖父）が蒸発して暮らせなくなって離婚した。その家から私の母だけ連れて出てる。母は三人姉妹で母の姉は15歳の頃に家出した。母の妹は、その部落に置いてきたみたい。離婚してからいろんなお店や飲み屋したりしてきっとお金貯めてたと思います。その時代に女で一人で生きてきたわけやからお金持ってたんじゃないかな。そんなに貧しくはなかったんですよ。

川　崎：そのおばあちゃんが施設に入所した石地さんを、職員の目を盗んで脱走させたんですよね[8]。すごい人ですよね！

石　地：祖母が施設に何度か見舞いに来たときに、ちゃんと食べさせてもらえてない、ほったらかしや、と。毎日配られる牛乳が何本も横に置かれたまんまで腐っていたり、お菓子も先週あったものがそのままやったり。祖母は「わしは孫をこんなところに置いておくなんてことはようせん」と。祖母は完全なる私の味方でした。施設から出ても、私の世話を一生懸命にして、学校の送り迎えを母が一人でやるのは不可能と判断し、サラリーマンだった父を退職させて自営業のお店をやるよう強引に説得した。私は、そんな祖母の家が居心地が良かった。

川　崎：おばあちゃんの大胆なところが石地さんにも受け継がれてると思いませんか？

石　地：私、本当にそうやと自分で思ってる。祖母は私が20歳のときに亡くなったから、自立生活については何も知りもしなかった頃です。生きていたら100歳くらい。私が自立生活をしている姿を見せたかったね。心配で毎日食べ物を持って来たやろうなと思います。

母について

川　崎：そんなおばあちゃんのもとで育ったお母さんはどんな方ですか？

石　地：母は部落に生まれた自分の人生を呪ってるし、さらにはせっかく部落じゃない人と結婚して、部落のことには触れずに、可愛い子どもを産んで生きていく人生設計ができていたのに、障害のある子どもが生まれたことで、人生を打ち砕かれる。兵庫県で「不幸な子どもの生まれない運動[9]」というのが1966年に始まってるんですよ。県費で羊水検査や尿検査をしたり、母親学級で妊娠中の生活指導や性病予防の教育がされていました。要するに障害者を生まれさせないようにする。私が1967年生まれなので、運動が大きく展開されているときに母は私を妊娠してるんですよね。私がなぜ障害を持って生まれたか原因を探るために、産科医や私に診断をつけた医者が躍起になって母を調べたんですよ。例えば、母乳を飲ませたことがよくなかったんじゃないかと母の体自体に欠陥があるような言い方をしたり、田舎の産科医だから母についてどこの誰かは知っていて「部落同士で結婚をして血が濃いかったということはないですか？」と言われたり。近所の人たちからは、私の祖母が妻子ある人と一緒に生活をしたから祟りが起きて私のような子どもが生まれたんだ、と言いふらされたり。そんなことがあって、母は自分を誰も理解してくれない、自分は汚れた人間だと思い込んで今日まで来た。

7歳離れた妹が生まれるまでに母は一回妊娠してるんですけど、また同じ障害がある子どもが生まれてきたらあかんということで医者や親類から中絶を迫られるんです。それで、次に妹を妊娠したとき、すごく落ち込んで、産みたいけど産まれへんと。そのときに父が、もしまたＳＭＡ（脊髄性筋萎縮症）の子が生まれたとしても、かおるちゃんの話し相手になるから産め、と言ったらしくって、それで産む決意ができたみたいです。母は自分の体に欠陥があったから私が生まれたと思い込んでると思います。行政をあげて運動を展開して、勝手に障害者を不幸だと決めつけて、母体である女性の体に問題があると思い込ませるように仕向けたことが、「不幸な子どもの生まれない運動」のやってきた大きな罪だと思いますね。

兵庫県は「青い芝の会」[10]に1974年に抗議されて、「不幸な子ども」という運動の名前は変えるんです。「よい子を生みすこやかに育てる運動」と。

川　崎：お母さんは自己責任にされて、本当に、大変な苦しみの中にあったでしょうね。

石　地：親戚の中でもすごい肩身の狭い思いをしてたんやと思います。だから、なんとしても部落は隠したかった。私自身も部落の話をするのはタブー、公表したら母を悲しませると思って無いことにしてた。助けが必要やのに産んだお前が悪いって言われるって、セカンドレイプじゃないけど何重にも重なってこういう屈辱を背負わされるマイノリティはしんどすぎる。本当にひどい。

それでね、やっぱり母親が障害児を殺すという問題が起きてしまうわけよね。私は障害者の立場から見たらそれは許せないし、母に対して怒りももちろんある。だけど、この社会の構造がそうさせてしまう。私の母の場合は、部落差別がきついし、障害者への偏見もきついし、女性である母の悲しみ・苦しみは大きい。「あんたが歩きさえすれば……私の人生設計はあんたのせいで狂った」と私は母に言われていた。私にとって母が一番の差別者だったけど、母にそういうふうに思わせるものがあった。

母は私を産んで障害がわかったときに鬱病になったんです。本当に悲しみの中、何年間か安定剤を注射して寝ていた。人生こんなはずじゃなかった、とずっと言ってた。母の姿を見てると、差別っていうのは、本当に尊厳を奪ってしまう。人が人として生きていく権利を全部、根こそぎ奪っていってしまう。

障害者に障害者差別を内面化させるもの

石　地：私の解放は、安積遊歩の本[11]に出会ったことが大きかった。私が言葉にして言えないこと、今まで苦しかったこと、なぜその苦しみが起きてるのか、自分が女性であって障害者であるっていうことをどう捉えているか。違和感があるのに、言葉で表現できなかったこと、遊歩はそれを全部言葉で表してくれてたから、もうこれや！　って思ったの。この本を読んだとき、もう聖書に出会った気分。障害というものがこの社会でどんなふうに忌み嫌われて不吉がられているか、そのことを自分たち自身がどれだけ内面化して生きてきたかということがいっぱい書かれていた。

川　崎：石地さんにとって障害者差別の内面化とはどういうことですか？

石　地：小学校は普通のクラスと特殊学級を行ったり来たりだったんやけど、中学校で支援学校に行くことになって。私のクラスは、特に重度の人ばっかりいるとこやった。みんな椅子に座られへんから、カーペットを敷いた床にゴロゴロ寝転がってて。うーん、私ちょっとえらいとこ来てしまった、この人たちと一緒にされるんやわ、って思ってしまった。そのとき自分の中にある差別心を感じた。それを言葉にして誰かに伝えることができなくてすごい苦しかった。先生はちょっとでも障害を治さないとあかんと思ってた。ご飯が一口でも自分で食べられないかと思ってるし。あとトイレに連れて行ってもらったら「ありがとう」って言いなさいって教育される。校外学習で買い物に出たら、他の人の迷惑になったらあかんとこんこんと教えられたり。普通校の子が交流学習で、私ら高校生やのに中学生が来たとき、「来てくれてありがとう、嬉しかったです」って言いなさいって教えられるんです。なんかおかしいなって思って。対等な人間関係の構築ではない。劣っている者のところへ優れている者が近付いてきてくれたから劣っている者は「ありがとう」と言いなさいと教える。健常者に好かれる教育をするんです。

それは差別再生産教育でしかない。80年代当時も今も人の意識はあのときのまま。もっと優生思想が正当化されて、相模原事件のような障害者のジェノサイドが起きている。そんな社会で健常者も愚鈍な人間だとレッテル貼りをされないように必死にもがいている。自分も障害者にならないように、社会の規範から外れないように、と。強い差別心を内面化させたままにしていると、いつか規範から外れたとき、その差別が自分に突き刺さって自分を抑圧する。

川　崎：そう感じるのはどんなときですか？

石　地：例えば自分の容姿や学歴にコンプレックスを持っている人に出会うと規範の呪縛だと感じます。過度のダイエットなどで自分を痛めつけて身体も精神もぼろぼろになってしまう。外国人を差別する人たちや生活保護受給者をバッシングする人たちも、自分より価値のない人を作り出して優位に立とうとする。いざ、病気や怪我で生活保護を受給しようとしても散々受給者を馬鹿にしてきたから、申請できないですよね。

自分の子どもに障害があるとわかってても簡単に産むことはできない。だって、障害者を遠目に見ていたときは障害者差別を内面化していたわけですから。社会構造的に押し付けられてきたことなので、その人個人の責任ではないけど、悪しき常識や習慣は手放してもっと自由に生きられたらいいのにと思います。

たまに、私に「ありがとう」を強要してくる人がいます。例えば私が駅員にスロープを持ってきてもらって「ありがとう」と言わないと私の代りに「ありがとう」「すみません」と言ってしまう人がいる。初めて介助に来た人はだいたいそうです。駅員がスロープを持ってきて車椅子で自由に電車に乗れるようになったのは、障害者の血の滲むような長年の闘争があって実現したこと。だから私は駅員に「ありがとう」と言いたくないんです。移動の自由は権利だから。でも、「何かをしてもらったらありがとうと言いましょう」と教えられてきたから正義を守りたい人がいる。だから私に「ありがとう」と言わせたい。

川　崎：そういう考えの人たちに石地さんが対峙していくのはしんどいですね。

石　地：しんどいね。ときに正義や規範が差別を助長してしまう。「石地さんは介助をしてもらって当たり前だと思っている」とお叱りを受けることもよくあります。私にとって介助を受けることは当たり前です。皆が空気を無意識に吸っているように私にとって介助はライフラインですから。

でも、介助を権利と考えずに迷惑なことと思っていたら、いずれ自分が介助を受けなければならなくなったとき、気を遣いすぎて何も頼めなくなってしまう。社会変革って正義や常識を疑うことが大事だと思うんです。だから介助を受けること、することは運動そのものだ、と。介助を続けることで、私の気持ちがわかってくる介助者も大勢いるよ。

女性差別と優生思想

石　地：2002年に、ピア・カウンセリングのスキルをアップさせようと安積遊歩の講座を再受講したときに、埼玉で自立生活センターを立ち上げた2人のSMAの女性たちと出会いました。SMAって日本に少なくて1500人ぐらいしかいないと言われてるからこれは運命の出会いやわ！　と思って、ピアの中のピアということで、Nさんと4人で「ぴあぴあ」という団体を立ち上げました。最初は、話を聞き合うセッションをやるために、埼玉と神戸を行き来し、それがだんだんと伊豆も行きたいな、ええもん食べたいな、ええ景色見たいなという話に発展しました。伊豆へ行ったり別府温泉行ったりして自分らが描いている夢、こういう自立生活センターをつくろうと朝まで喋りました。

そんな折、デュシェンヌ型筋ジストロフィーという障害が受精卵で検査可能になったと、報じられていたんです。それは良い話としてニュースで報じられてた。世の中の障害を持つ人に光が差したと。私たちは気持ちよくなかった。私らにとってはお前らいらん、みんな集めて抹殺やって言われてるのと同じ感覚やったから。ナチスドイツの時代の、障害者をガス室に入れて殺したことと同じことやから、自分らSMAも標的になっているものとして、声を大にしてノーと言わなあかん。出生前診断についてちゃんとノーって言っていこうと活動を始めました。それで、「ぴあぴあ」から前進して、2005年に「神経筋疾患ネットワーク」という団体ができました。出生前診断や着床前診断が、障害や遺伝子疾患を持つ人に対する差別・抹殺になる、そのことにノーと言っていく活動を行っていくためです。障害者を抹殺する方向をやめてほしいと、日本産科婦人科学会（日産婦）と何回も対話をしました。医師を呼んで公開討論会をしたこともある。

私の障害は、今の医療技術だと受精卵や乳児の段階で遺伝子検査をすれば疾患があるとすぐにわかります。不妊治療で体外受精を行う場合、SMA遺伝子を含むいくつかの遺伝子疾患を持つ受精卵だとわかれば、その段階で破棄され、産まないで良いとされます。

日産婦の医者が言うには「あなたたち障害者の立場から見たら自分たちが殺される、大変だという話になるかもしれないけれども、でも、産む女性の立場から見たら、障害がある子を育てていくのは大変なんだっていう考えも、それは考えとして尊重しなければならないんです」と。

また、受精卵の段階で検査・選別を行う理由は他にもあり、流産を繰り返す確率が低い受精卵を選別するためです。ここでも医者は、「習慣性流産を繰り返している人たちにとっては、切実なる願いで着床前診断をやってほしいと希望がある。この人たちのことも、置き去りにしてやっていくわけにはいかないんです」という。でも、それを言ってしまったら、結果的に障害者を殺すとか抹殺するとかになるじゃないですか。そういう押し問答の中で、神戸のO産婦人科の医師に「障害者は、自分の言い分ばっかり言って、障害者もこの社会の中で苦しみを持って生きている立場なのに、どうして同じく社会で苦しむ女性の立場が理解できないんだ」と学会の場で罵倒されたんですよ。そんなこんなもあって、どういうふうにしていったら私たちの存在をこの人たちに認めさせることができるんだろうかと、私は考えるようになりました。そこからこの問題が女性差別の問題と大きくつながってるなということを神経筋疾患ネットワークの中で議論していきました。

重度障害者と女性が分断させられて対立させられている。本当は共闘できるはずなのに悲しいし、権力が作り出した差別構造に絡め取られていることが悔しい。戦時中、産めよ増やせよの政策に女性をとことん利用して使い捨てにし、そのしわ寄せがマイノリティの分断を生み出していると感じる。

川　崎：障害児が殺されるっていうのは、自分が殺されるのと同じように感じておられるんですよね。

石　地：勝手に障害者を不良なものと決めつけられるのは心外です。私は機嫌良く生きてるのに。同時に女性が子産み道具として立派で健全な男子を産んでこそ、女性としての使命を果たしたと、そういう差別をされていく中でこの問題が起きてるんじゃないかと気づきました。

出生前診断も着床前診断も障害者を抹殺していくというジェノサイドであると私は理解しています。優生保護法下での強制不妊手術も、相模原事件も全部つながってる。

「障害を持って生まれてきたら不幸」という優生思想は大多数の人の中で根を張って受け継がれています。２０１９年にはＡＬＳの方の嘱託殺人[12]が起きて、本当にジェノサイドが止められない。今現在、高齢者もピンピンコロリがいいという言説があり、介護は受けずに、早くこの世からいなくなってくださいとでもいうような政策になってる。要介護者を減らしましょうという政策にどんどん向かってる。このままでは社会にとって不要な人はいらんっていうところに行き着いてしまうのに、なぜそこに気づかないんだろうと感じてるんです。

相模原事件のときに強く心に決めたんだけど、障害者の命を大切にしないものは全部つながってるから、障害者の命が奪われるものに対してはどのことにも声を大にして反対していこうと思っています。なぜなら、自分がいつも狙われているから。

障害者の抹殺につながっていると思った事件については、自分のフェイスブックですぐに発信したり、介助者一人一人にどう思う？　と問いかけたり、リングリングの介助者研修で取り上げたりしています。それはおかしいっていう声を上げ続けることが大事です。

川　﨑：障害者を殺さない母、障害者を殺さない産む性っていうのをどう増やしていけるか、と思います。

石　地：そうですね。一時期、若い介助者たちに聞いてみたことあるけど、神経筋疾患ネットワークのイベントをやった後に、障害がある子どもをもし身籠ったら産めるかって聞いたら、みんな「うーん」って。頭ではわかっちゃいるけれどって感じ。障害者を産まないことが当たり前になってると思う。早期発見・早期治療と言う医療もそうだし、国家的にも優生保護法下でそういうふうに教育していくし。

川　崎：石地さんは障害者も産んでほしい、産んだらいいやん、っていうことを言いたいんですよね。

石　地：だって本来はあるがままの命で産むこと、それが祝福されて尊重されることこそが人権でしょう？　同時にその先の人生もきちんと保障されることが人権。抹殺することばかりにエネルギーを使わずに、障害者が生きるための資源を充実させて豊かに生きるにはどうすべきかを考えるほうが大事。本当に大変な世の中に、障害児を産まなあかんことは大変かもしれんけど、それでも産まな始まれへん。大変やと思っている自分の中をもう一回ちゃんと見つめてほしい。これからの未来ほんまにそれでいいの？　と問いたい。この世界から障害者がいなくなれば人類は本当に幸せなんか？　中絶は女性の権利という考えもあるけど、それで終わっていいのかな？　出生前診断反対を障害者が訴えるとメディアからよく取材が来るんです。その度に「産む産まないは女性の権利ですよね？」って記者に聞かれるのが嫌でした。障害者差別の話をしているのに問題をすり替えられてしまうんです。女性と対立させないで欲しい。私はその論理のすり替えの質問に常に勝つための言葉を用意しないといけない。それはとても辛かった。でも、論破しなければ「障害者は殺される」と脅されている感覚でした。

旧優生保護法国賠訴訟[13]について

石　地：私、旧優生保護法と「旧」がつくのが本当に嫌で。今も優生保護法は思想としてあるやん、名前変えてるだけで同じことやってるやんって思ってる。旧優生保護法国賠訴訟で今闘ってる兵庫の原告が私の友人なんですよ。私が自立生活を始める頃に、「実は私、こういう手術されてるねん」と聞かされて。重度の脳性麻痺の人で。12歳のときに元気になる手術やからって言われて手術させられて、気がついたら子宮を取られてたって。だから一回も生理が来たことないし、10代のうちに子宮を取られてるからホルモンバランスが変になって、手術の後遺症で何十年も寝たきりになって起きられなくなってしまった。でもそこから自立生活をするんですよね。話を聞いて、障害者ってこういうふうにいないほうが良いものと扱われてきてるんやとすごくショックを受けました。この裁判でやろうとしていることは、私が障害者のジェノサイドと闘っていこうとしていること、本当にそれそのものだから、応援しないといけないと考え、裁判傍聴に行ったり支援者になったりしています。

川　崎：この訴訟に関して、障害を持っていても子どもが産みたいという主張に、子どもを産むことが女性の幸せという前提を感じて同意できない感覚があったんです……。

石　地：わかります。私もその表現にはすごく違和感がありました。

川　崎：石地さんの話を聞いて、そういう短絡的な切り取り方ではダメだなと思いました。

石　地：どちらかというと裁判に勝つために、わかりやすくそういう表現になったと思うんだけど。この社会の中で子どもが欲しかったのに産めなかったと言ったほうが多くの人に訴求できるというのもあったと思うし、障害者自身も子を産むことが夫婦の幸せと思っている人も実際にいることはいる。でもそのずっと奥をたどっていくと、優生思想根絶なんです。

裁判の中で、原告の障害者たちから障害があることでどれだけ自尊心が奪われてきたかということを繰り返し聞きました。法律によって自分たちの存在を消されようとしたこと、社会に嫌われ、馬鹿にされ、役に立たないと下に見られてきたことの延長で、この手術が行われたんだなということがよくわかります。その頃の障害者たちって教育を受ける権利もなかったので、裁判で難しい言葉も言えない。自尊心が奪われてきたということが、「子どもを産みたかったのに」という言葉になるのだろうと、裁判を見ててすごくわかりましたね。

弁護団の人たちも、「この裁判で原告が勝つということはこれまで障害者が長い歴史で虐げられてきたことを覆すということなんですよ、要するに、社会の一人一人に本当に根深くはびこっている優生思想というものを壊すことの第一歩なんですよ」ということは言っています。だけど、ここって報道されないんだよね。

川　崎：それを取りこぼしてしまう健常者男性中心のメディアの側が問われていますね。

石　地：原告の人たちが、この長い裁判の中でエンパワーされていってる。最初子どもさえいれば幸せだったと繰り返していた人たちが、私は優生不妊手術をされたとだんだん年を重ねるごとに堂々と言えるようになっていくんですよ。どれほど差別されてきたかということを怒りを込めて語ってくれました。権利を取り戻していく過程は、自分と向き合うということで、すごく苦しいことではあるけれども、裁判を通じて社会と闘っていける、自分が自分であるということを表明する力が溢れてくるんだなと、この裁判から学びました。

障害がある人を隅っこに追いやり、生まれてこないほうが本人の幸せやったんやとか、本人のために殺してあげたほうがいいんやとか、そういう考えは、本当に間違ってる。誰も幸せにはなれないと思いますね。障害者の抹殺については、私は一生取り組んでいこうと決めています。

それから、原告の方々への補償はもちろんですが、国を挙げて障害者差別を支え続けてきたわけです。世界中の障害者にも健常者にも間違いを正して国は謝罪すべきです。優生思想を法律で正当化して、私たち障害者を支援学校や施設に隔離して、学ぶ権利や社会参加を阻止してきたんです。私は、自分自身も被害者だと感じています。すべての障害者に補償が必要ですよ。裁判は2024年7月3日に最高裁で勝訴しました。17日には岸田首相が被害者に面会して深々と謝罪しました。「優生思想及び障害者に対する偏見差別の根絶に向けては、これまでの取組を点検し、教育・啓発等を含めて取組を強化するため、全府省庁による新たな体制を構築してまいりたいと思います」と岸田首相は言いました。これはすごい内容ですよ。人類始まって以来、優生思想の根絶なんて経験したことないんですから。

言ったからには実行してもらわないと。本当に実行するなら分離教育、施設隔離を即刻やめないといけません。優生思想根絶の法律が必要。その法律は障害者が作らないとダメです。

「寝た子を起こすな」論との闘い・教育のこと

石　地：障害者はあってはならない存在。部落もそうやなと思うんです。隠すべき、消すべき、寝た子は起こさんでいい、と言われる。部落差別は今でもあるのに。障害者だってこれからも生まれるんですよ。それで高齢者は死んでいくときに、みんな障害者になるんですよ。これを見ないようにしてもいいのかな？

川　﨑：そうですね。部落民自身が「寝た子を起こすな」論を内面化し、非部落を装って生きようとすることもあると思います。

石　地：障害者が存在していて、部落差別もあると知って、直視して、その人たちと共に生きていくにはどうするのかっていうことをマジョリティとマイノリティが共に考えるっていうことやと思うんですよね。どこに間違いがあったのか歴史もちゃんと知って。私は今、部落民だと公言しているけれど、母に「絶対に隠せ」と教えられてきたから何だか意味がわからないまま誰にも言わない、言ったら嫌われるという思いで重たいものが自分の中にあった。「興味がないから知らんかったわ」とか、「自分には関係ないと思ってた」というのは、部落問題にしても障害者問題にしても、それはマジョリティの勝手な言い分で。興味なかったということは本当に暴力性が強い言葉やと思ってね。興味ないから今の差別がなくならへんねやんって言い返したくなる。今後ね、SMAの人は生まれないと思いますよ。もし仮に万が一生まれてきちゃったとして、この社会から見たらそれはもう大失敗作なので、乳幼児のときから新薬を飲ませるとか注射する薬が開発されてるんですよ。乳児診断時にマススクリーニングがありますが、その中にSMAが入るんですよ。[14] SMA遺伝子が見つかったらその薬を服薬する。本当に怖い社会になっていってますよ。大事なのは、教育の場を障害者と健常者に分けへんこと。優生保護法のように国家の政策に取り込まれてきたっていうことを人権教育として教えるべき。

川　﨑：障害のある子とない子を分けて、それぞれの能力を伸ばしましょう、という今の教育って、共に生きるための教育じゃなく、経済発展に貢献できる人間を育てることを至上命題にしていると思う。

石　地：それって形が変わっただけで、戦争中と一緒でしょ？　いかに相手国を殺してくるか、みたいな。学校は国が管理してるし、文科省の言う通りの学校をやらなあかんわけやから、新しい考えが入ってくる隙間がないよね。

川　崎：既存の学校教育を相対化するような学びの場は必要やなぁって。これがすべてじゃないと。神経筋疾患ネットワークなどはそういう場の一例のように思いました。

石　地：そうですね、代替わりをして若いＳＭＡの人たちも入ってきた。それで今は若い大学生たちに知っておいてほしいことをテーマにイベントを開いて、差別や人権について伝えています。

川　崎：どうやってそういう若い人たちと繋がっていくんですか？

石　地：自分の介助者の若い人たちに声をかけたり、介助者で大学生の人がいたらその友達に声かけてもらったり、大学に直接メールで案内したり。ときにはマスコミ発表したり、いろんな方法でやってます。それで、若い学生で介助とか全然関係ないところで生きてる人たちに来てもらって、新しい考え方や差別の問題をわかりやすいフラットな言葉で伝える。グループワークをやって自分の意見も述べる。人権教育に近いと思う。障害者の命を大切にするっていうことは自分の命を大切にすることとイコールなんですよ。自分を何かにはめ込んだり、何かの犠牲にしたり、社会の規制にとらわれて苦しむんじゃなくて、自分のために自分をエンパワーするような、自分の人生を生きていいんだよ、というメッセージを落とし込んでいく。自分を大事にすることとイコール他者への関心や共感につながるんだよって。

異性介助の問題、性をめぐって

のぴこ：昨今障害者が声をあげて問題として社会的に認識され始めた異性介助問題について、石地さんの経験や考えを聞かせてください。

石　地：異性介助問題は今も施設や病院などでありますね。特に問題なのは、女性が男性に介助されること。その逆も問題ではあるけど、抑圧を受ける側の女性が抑圧をする側の男性にお風呂介助をされたり、トイレ介助をされたり。障害がある人は、逃げ出すことも泣くこともできず、自分のことを「物体」と思う他ないという状態にさせられています。

私は30歳まで親元にいたので、だんだん体重が重くなってきて、母親が介助やるのがしんどいから父親がお風呂介助や生理・トイレの介助をやることに。小学校高学年くらいからかな。すごい嫌でしたけど、嫌って言ったらいけないから、黙っていた。

20代後半で女性の介助者が一日おきにお風呂介助だけしにくるようになった。母は「他人がうちに入ってくるのは絶対嫌や」とすごい反対して、なかなか介助を入れさせてもらえなかった。でも私が25、26歳くらいのときに無理やり自分の意見を通しました。ただ、トイレ介助や着替えの介助は父がやっていた。めんどくさいとか汚いとか臭いとか言われながら。

川　﨑：例えば生理の血とかについて。

石　地：そうです。生臭い匂いがするとか。

川　﨑：トイレだったら小も大もあるし。

石　地：そうそう。さっきもしたのにまた行くんかとか言われるし。

川　﨑：日常のことやから、ずっとその暴言を浴び続けるってのはつらいですよね。

石　地：でもね、つらいって感じたらあかんと思ってたから、もう感じないようにしてたと思うんですよね。それでだんだん心が硬く、無神経にならざるを得なかった。繊細でいたら多分病気になってたと思う。多くの女性障害者が今もそういう思いをしてるんです。つらいと感じたら自分が壊れるから感じないようにしてる。その結果、自分が女性だと認識しづらい。男性障害者も、自分は男性だと思いづらい。障害者は皆、性を奪われてしまうんです。

川　崎：モノ扱いですね、まさに。人間としての気持ちを持つことも許されないという意味での物体。

石　地：そうです。尊厳をないがしろにされ、人間性を失わされる。だから、自分に性があるっていうことを考えもしなかった時代が長くて。だけれども、この点も安積遊歩の本[15]に影響を受けました。そこには等身大で自分のこと、性について私自身が思っていたことと同じことが書かれていた。本を読んで、自分の中の殻が開いて、あー、私は女性だと思っていいんだと思った。思ったからって何かが変わるわけじゃないんだけど、例えば父親には嫌だって思っていいんだって、許された感じがしたかな。

　自立生活の準備をするにあたって知り合いがたくさん増えたし、いろんな活動をするようになったので出会いも増えて、自分にも恋愛をするときが来たのね。それまでは、自分は絶対恋愛なんかしないし、障害が重いから恋愛の対象にはならないというふうに思い込んでいた。でも、実際に私に好意を抱く人もいるんだって思えて、そのときに私は自分が大きく変わったと思います。奪われたものを、私はこれから取り返していくんだと自立生活するときには思っていました。もちろん恋愛がすべてじゃないし恋愛しない生き方もあることを今は知っています。

川　崎：障害のあるなしにかかわらず、自分で自分を卑下する気持ちがあったら、恋愛も含め人と関係を作っていくことにハードルが生じると思います。障害女性が置かれているしんどさがここにあるのではないかと。

石　地：あると思う。自己否定が強いと自分のことを好きになってくれる人はいないと思い込んでいたり、他人の言うことに従うことで自分を評価するという関係性になってしまったり。私の若い介助者たちにも他者との関係の構築に悩んでいる人はいますよ。友達関係であっても、私との関係であっても。

川　﨑：自立生活やピア・カウンセリングを通じて、自分の感覚を取り戻していく、自尊心を回復していくということですよね。その過程で出会いも広がり、人に対する興味が出てきたり。石地さんが自尊心を回復していたからこそ、好意を抱く人も出てきたのでは、と思いました。

石　地：私もそうなんじゃないかなと思っている。自分を隠さずに自分の生い立ちやしんどい面、今までは恥ずべきことやと思って隠していたことをちゃんと開示したことによって、人との親密な関係が自然に自分の前に訪れてきたっていうか。自分を開くって怖いことでもあるけど大事だと思う。開いたときに、その人の魅力や面白い考えがわかるんだろうなと。外見が美しいとか性格がいいとかそういうことで人間性が決まるんじゃないってことはこのときによくわかった。若い人たちが私とつながって介助をすることで、自身では劣等だと思っているところが、実は個性や長所であったりするんだっていうことに気づくことができる。自分を開示できるようになることが、人間回復への道やなって思うかな。「解放」のあり方の一つ。

川　﨑：そういう人間関係のあり方を若い人たちに見せてあげたいって思いますね。

石　地：本当にそう。

川　崎：障害者が生き抜いていこうと思ったら、周りを取り巻く差別者、抑圧者の側である健常者を変えていかないといけないですよね。

石　地：最初にそういうことを言い始めたのって金満里さん[16]とか青い芝の人たちやと思うんやけど、若いときは実体験がなかったのもあって、あんまり意味がわかってなくって。でも今ならわかる。あんた、分かり合われへんから明日から介助に来んでええわってそんなことはないでしょう。あなたが変わらないと私が生きられません、っていう言い方だけでは通じないし、余計反感を買う。だけれども、自分がやりたいことをやるためには介助者にわかってもらわないといけない。自分の過去の経験や傷ついたことも話す必要がある。それに言い過ぎても人は聞けないから程々に。根気がいります。私も介助者の話や思いをよく聞きます。全部がうまくいくわけではないけど。本来、介助をするってポジティブなことですよ。介助者もある程度私と人間関係できてきたら心を開いてくれる人がいるよ。実は部落出身なんですという人もいたし、生い立ちやマイノリティ性を教えてくれたりもします。

川　崎：障害者が差別者である健常者をどう変えて来たのか、その実践、運動について、他のマイノリティの立場の者が多くを学ばないといけないと思います。

石　地：だから私が最初に言った介助者を使うことは運動の一つなんやってそういうこと。自立生活こそが社会にある差別への抵抗。施設じゃあかんねん。私がここで、地域で、生きて暮らしていることが、差別への抵抗やから。こんなんね、言葉で言えるようになったのほんまに最近やけど。私は介助者と人間関係を作って、心を通い合わせたいと思ってるし、私が考えていることを伝えたいし、介助者側からも介助って何なのかということを追究してほしいと思ってる。

川　崎：私も学生時代から自立生活をする障害者の介助に入り続けているんですが、自分の差別意識、暴力性を認識させられるんです。それでも、相模原事件以後、介助に入ることが反差別の実践だと強く思うようになったんです。

石　地：自分が介助に行かないと死んでしまうっていう人とどう関わっていくのか。私は介助者との関係づくりを長年やってきていて知恵もあるけれど、一方で介助者との関係を築くことが難しい、力を奪われている障害者も存在しています。昔は私もそうだった。障害者は長い間施設に隔離されている影響で、本当に自分がやりたいことが何かがわからなくさせられて介助者に遠慮ばかりしてしまったり、逆になんでも介助者がしてくれることにぴったり依存してしまったり。こういう状態の障害者たちが自立生活をしないと、障害者と健常者が地域で共に生きるとはどういうことなのか見えへんと思う。障害者の力を奪ってきたのは健常者であるし、健常者中心社会であるというところに注目する必要がある。マジョリティである健常者側が地べたを這う障害者に近づいていかないといけない。性を奪い、教育を奪い、自由を奪ってきている現状に目を向けていかないと。

のぴこ：石地さんが自立生活を始めるために家を出たときの家族の反応はどうでしたか？

石　地：めちゃくちゃ反対ですよ。もう絶対に反対。私は家出したに近い。神戸の仲間たちが車も出してくれて、荷物もまとめてくれて着るものと布団だけ持っていった。でもそれぐらい自立生活したかった。何を捨てても、一生実家に帰れないということが起きても、どれだけお金がなくて苦しい生活したとしても、自立生活がしたかった。一人で暮らしていくことを具体的に思い描くことはしていた。例えば、料理。これを作ろう、あれを作ろう。この市場に行こう、こういう食材を買おう、そういうことをずっと思い描いていた。自分の思い通りになってなくてもありがとう、ごめんねって言って生きていくのはほんまに嫌やった。

川　崎：嫌気がさして、すごく落ち込んで、鬱にもなられて。

石　地：そうですね、人生に本当に嫌気がさしてて、私は一生こんな感じで生きていくんやったら何のために生きてるんかわからん、と思った。いずれ父や母も病気になるやろうし、施設に行ってもっと押し付け的な介助を受けて生きていくことになるし、ほんまに嫌やから今のうちになんとかここを脱出せなあかん、そんな気持ちやった。家族といえども障害者には抑圧者になる。だから苦しかった。先に自立生活してきた障害者たちは、みんなうちへ来いと言ってくれた。私、障害者の家を泊まり歩いてる時期もあったんです。どうやって介助者に指示を出してるか見ときよって言ってくれて、みんな親切に教えてくれた。

今、母に対して思うこと

のぴこ：重度訪問介護が制度化されたことによって、生活の全てを自分では決められないところもあるかもしれないけど、地域で一人で、あるいは家族と重度訪問を使いながら生きていくことができる障害者は、増えましたよね。これは長い障害者運動の成果だと思います。

石　地：うん、２００３年にグンと増えたと思う。

のぴこ：家族、特にケアを担ってきた妻や母親が変わっていく例も聞いたことがあります。石地さんが自立生活した後、お母さんの状況はあまり変わらずですか？

石　地：反対してたから母とはあんまり口きいてなくて、5年ぐらい経ったときかな？「あんたには言ってこうへんかったけど、これで良かったと思ってんねん」とは言うてた。「自分らが面倒見なあかんと思うとったけど、自分の力でこうやって来たんやから、あんたは偉いな」と。母は部落解放運動も障害者解放運動もよく理解していないけど、差別の問題を知って、運動と出会う機会があったら、母自身も「あなたは悪くない」と言ってもらえたかもね。

川　﨑：何年かかってもいいからお母さんにお会いできたらいいなぁと思います。

石　地：きっと喋らへんやろうな。

川　﨑：美味しいものでも買ってふらっと遊びに行きたいですね。

石　地：どうやろうか。まあ、ほんまに人と会うのは嫌いなんですよ。母は。

川　﨑：警戒しますよね。差別ってそうやって人生まるごと閉じさせちゃいますね。

石　地：そう、人が人として生きていく権利を全部根こそぎ奪っていってしまう。母の姿からどれほどに部落差別がひどかったのかわかります。母は部落差別があることで、どこか空虚で孤独で、誰とも苦しみを分かち合えなかった。他者との交わりで自分を成長させ解放し安心や喜びを得ることを奪われてきた。自分にスティグマを内面化し続けた苦しみは深い。母は、自分がマジョリティの側になってこそ幸せをつかめるんだと信じて疑わなかった。母のように苦しんでいる人がちょっとでも開示する方向に向けるような場があったらいいと思います。私たちと対話することでそうなるのかもしれへんし、何かはわからないけど。母がね、死ぬ前に少しでも心を開いて、自分のことを聞いてほしいと思えるようになれたら嬉しいです。

1 「自立生活センターリングリング」(http://www.ringring.bz)は、地域で自立生活をする障害者をサポートしている。代表・事務局長は障害者であり障害当事者が運営している。権利擁護をベースにピア・カウンセリング、自立生活プログラム、介助サービスなどの事業を行っている。自立生活者4名のうち、石地さんを含む3名が24時間介助を必要とする重度障害者。所属している介助者は十数人。障害者、健常者の職員を含め30人ほど。

2 「重い障害を持つ人の多くは本人の意思とは関係なく、隔離施設や親やきょうだいの介助で生活しています。そのために介助する人の都合や機嫌に合わせて生きる他なく、身辺自立と経済的自立をも強要され、自立のための訓練をさせられます。そうした自立概念そのものを覆し、地域の中で障害者の自己決定を尊重する暮らし方を自立生活と呼びます。介助者が障害者の指示に従って介助をすることで障害者は自分らしい生活が可能になります。今日はどんな服が着たいか、何処へ誰と出掛けたいか、何を食べたいかなど、生活のすべてを障害者が決定します。決定したことで問題が生じた場合は障害者が責任を取ります。失敗する自由も含めて人間らしい生活だと言えます。」(石地)

3 健常者の中に染み付いている障害/障害者を「害」とする認識を、健常者に直視させるために、石地さんは「障害」という漢字を使う。

4 「優生思想が蔓延る社会で障害者が生きることは常にサバイバルです。長期間、自己否定感を持ち続けた障害者はそのうちに自分のやりたいことも、望む生き方もわからなくなりパワーレス状態になってしまう人も少なくありません。ピア・カウンセリングは、障害者同士で話を聞き合い、お互いに助け合うカウンセリングです。ピアとは同じバックグラウンドを持つ人たちという意味です。健常者はその場に参加することはできません。大切なルールを守ることで安心した場が保証されます。安心した場で自分の過去を見つめ、傷付いた感情を吐き出す(ディスチャージ)ことで自己信頼へと向かっていきます。そのプロセスにおいて、自分を抑圧する社会の構造に気付き、仲間と連帯することで社会を変革することを目指しています。」(石地)

5　「2016年7月26日、神奈川県相模原市の障害者隔離施設『津久井やまゆり園』で19人の障害者が元職員に刃物で襲われ殺されました。犯行動機の一つであった「障害者は生きていても不幸をつくるだけ」という考えから、障害者のジェノサイドが起きたのです。この相模原事件の直後に有志で集結し、反優生思想を掲げて活動を展開し、内に籠もる集会ではなく、障害のある身体を見せて街宣で障害者の権利を主張してきました。これまでに1万枚のビラを撒き、500人の人々を集めて3回のデモ行進を実施しました。」（石地）

6　第6章（瀬戸徐映里奈さんによる執筆）を参照。

7　メインストリーム協会の機関誌に掲載されていた、井内ちひろさんによるバークレーでの自立生活についてのエッセイ。詳しくは「石地かおる氏インタビュー・2」（2020／12／18　聞き手：立岩真也）。http://www.arsvi.com/2020/20201218ik2.htm

8　詳しくは「石地かおる氏インタビュー・1」（2020／12／18　聞き手：立岩真也）。http://www.arsvi.com/2020/20201218ik.htm

9　兵庫県衛生部が中心となって、1966年から1974年に県下全域に広めた運動。この施策は、経済成長を支える優生政策のモデルとして全国へと波及。「不幸な子ども」とは、主に障害児を指し、県は「不幸な子どもの生まれない対策室」を設置し、「不幸な子ども」を増やさないために、県費で障害者に対する強制不妊手術や出生前診断（羊水検査）を推進。これに対して、障害者たちは激しい反対運動を行い、対応を迫られた県は、公費による羊水検査は中止、「対策室」を廃止して「母子保健課」とし、名称も「よい子を生みすこやかに育てる運動」に変更した（2018年6月30日『不幸な子どもの生まれない運動』は終わったのか？集会決議」配布資料を参照）。

10　「脳性麻痺当事者による障害者解放運動。1960年代〜80年代に、母による障害児殺し告発、優生保護法改定反対、養護学校義務化反対、川崎バス闘争など障害者の生存権をかけて運動を展開させました。健全者中心の社会で常識を覆す思想を強く押し出したためにときとして「過激集団」とレッテル貼りをされてきましたが、現在の障害者自立生活運動の

素地を固めてきた障害者解放運動集団として評価されています。」（石地

11　安積遊歩『癒しのセクシー・トリップ　わたしは車イスの私が好き』（太郎次郎社、１９９3年）

12　２０１９年11月に起きた事件、医師2名が共謀して本人から依頼されたとして薬物を投与し、ＡＬＳ（筋萎縮性側索硬化症）の女性を殺害した。

13　優生保護法（１９４８－１９９６、１９９６年に母体保護法と法律の名称が変更された）のもとで、障害のある人に優生（不妊）手術が強制的に行われたことに対して２０１８年から各地で行われている国賠訴訟のこと。ただし、障害者の断種手術は戦時中からももちろん行われている。

14　２０２４年から、国（こども家庭庁）では、都道府県・政令指定都市において、モデル的に重症複合免疫不全症（ＳＣＩＤ）と脊髄性筋萎縮症（ＳＭＡ）を対象とするマススクリーニング検査を実施し、国の調査研究と連携・協力することで、新生児マススクリーニング検査の対象疾患の拡充に向けた検討に資するデータを収集し、その結果を踏まえ、全国展開をめざす実証事業を開始した。大阪市ウェブサイト（https://www.city.osaka.lg.jp/kenko/page/0000371472.html）などを参照。

15　脚注11を参照

16　身体表現芸術家。１９５３年大阪に生まれる。在日韓国人2世。3歳でポリオに罹患し首から下が弛緩性麻痺の重度障碍者に。「青い芝の会」の運動に参画し、１９７５年より24時間他人の介護による自立生活を開始。運動から離れた後、１９８３年身体障碍者による身体表現を前衛芸術として活動する集団「態変」を立ち上げる。著作に『生きることのはじまり』（人々舎、２０２４年）。

第5章　私たちはここにいる

のぴこ

誰に向かって、どのように、この私が部落について、フェミニズムについて、障害について語るのか。そのような語りを通じて、この私が――これを読んでいるあなたを含む私たちが――、どのように誰と一緒に共にあろうとするのか。連帯していくのか。生き延びていくのか。ここでいう私たちとは誰なのか。この私を語ることにいったいどういう意味があるのか。

知ろうとすること、聞こうとすること、も同じだ。この私が、なぜ、あなたの／私たちのことを知ろうとするのか。

もちろんマジョリティにとって、知らないこと、知ろうとしないことは特権的な態度である。知ろうとすることはマジョリティである私にとってはいつだって義務であるはずだ。

ただ、それだけではない。知ることそのものの力を忘れているわけではない。被差別部落の実践である識字を思い返してみると良い。新しい世界を知ること、獲得することは新しい自分になることだ。知ることを通じて自分のマイノリティ性が共振され、エンパワメントされる瞬間のきらめきといったらこの上ない。

けれども、同時に、この私には、マイノリティのことが特権的に届きすぎているのではないか。そのように問い返さずにはいられない。文字（墨字）[1]が読める、文章が理解できる、日本語ができる、そのことで、特権的に、マイノリティ／社会問題にアクセスしてしまっているのではないか。そして傲慢にも分かった気になりすぎているのではないか。簡単に、軽々と、次のマイノリティ／社会問題へアクセスし、同じことを繰り返すのではないか。

誰かの生活や人生を一方的に消費することは、したくはない。この私も、消費されたくはない。本当に大事なのは、マイノリティの存在や社会問題そのものが、この私に呼びかけてきたということだ。それを受けて、今、私はどうするのか。誰とどのように生きていくのか。それこそが本当は問われている。

そのようなことを逡巡して長い年月が経ってしまった気がする。成功と失敗に等しく傷つきながら。

＊

私の本書への関わりが、部落×女性×障害がきっかけであったことは因果なことのように思える。障害、介助、自立生活／運動について深く考えるきっかけになったのは、自分の身近にあった部落や社会運動ではなく、賃労働であったからだ。

大学院に進学し、学歴を積んだ20代後半のモラトリアム期のあと、在宅分野の高齢者介護・障害者福祉事業を行う会社に勤めだした。面接時点で、ネオ・リベラリズム的な心性を持つ経営陣であると直感した。残念ながら社会運動や人権という考えからは離れているだろうとも。ただ、正直に言えば、社会運動のなかでは「働く」ことがうまく出来ないと感じていた。数字を追って仕事を行う方が賃労働の対価としては分かりやすく、楽なのかもしれない、と考え、就職することに決めた。そんな会社でもう10年を超える年月を過ごしてしまった。

直接にヘルパー（介助）業務を行った時間は少ないが、介護保険や障害福祉サービスの制度につきあって業務を常に行ってきた。[2] 制度につきあうとは、すなわち、行政文書と対峙するということだ。学歴を積んできたということも、結局はさまざまな文章を読んできたということなので、業務との相性は悪くなかった。

面白いもので、大阪府南部でこの事業に関わっていると、障害者運動との接点が必ずある。おそらくは利益追求型で、数字を追う会社だからこそ。24時間介助が必要な障害者と、24時間労働させ、時間数をお金に変えたい会社。深夜帯の時間単価は日勤帯より高い。この皮肉な接点を通じて、介助や自立生活というキーワードが私に呼びかけてきた、ともいえる。

障害者が「自立生活」をすることは、文字通り運動だったし、革命的なことであっただろう。地域で生きていく。施設でもなく、家族と一緒でもない。友人、ボランティア介助を受けて、障害者が自立・自律的に生きる。と、私は障害者運動の営みを受け取った。

とはいっても介助というのは、実際は大げさなことでもなんでもない。一つ一つの具体的な日常の動作の積み重ねだ。

私自身は、気も利かず、愛想もなく、共感性も少ない上に身体技術も家事能力も高いとは言えないヘルパーだった。それでも石地かおるさんの聞き取りのなかで聞くことができた「私が飲みやすい位置にコップを置くだけでも介助だ」という言葉が実感できるのには十分な経験だった。

10年前のある障害者の介助業務がよみがえる。テレビのリモコンを操作できるようにその方の手や腕の位置を何度も調整したこと、褥瘡《じょくそう》ができないように手にあたるシーツやタオルのシワをよく伸ばしたこと、しかしそのシワがピンと真っ直ぐになり褥瘡予防に資しているかはついぞ自信が持てなかったこと。あのときの一連の作業は、間違いなく、石地さんのいう介助として、成立しているはずだ。

別の話。

介助を受けている人は、介助者毎に、どのようなことを介助されるか、大なり小なり使い分けている。作業者としてのみ介助者を扱っているわけではない。その時々の両者の心身の調子に合わせて、何を介助され、介助すべきかも変化する。介助者が得意なことを生かす場合もあるし、介助者が不得手なことを出来るように介助者を「使う」場合もある。私も、それまで見たこともなかった二層式の洗濯機の使い方やニンジンの千切りの上達方法を叩き込まれたことがある。

介助者も、介助されているのだ。出来ないことを一律に同じ水準で出来るようになることが喜びなのではなく、その人自身が困っていることが出来るようになることが喜びである。人は介助し、介助されて生きているのだ。

介助には、生産性や成果・結果を追い求めるような労働とは違う瞬間が確実にある。反資本主義的な、あるいは協同的な――コミュナルな――「労働」関係が形成されているようにも思える。

しかし、前述のような一連の原初的な介助の関係性は、高齢者介護や障害福祉制度のなかでは置き去りにされ、変容しているように思える。介助を受ける人も、行う人も一律なものではないにもかかわらず、時間と紋切り型の内容で介護報酬単価が決められる世界。カニバリズム的な資本主義（ナンシー・フレイザー）が見え隠れする。どのような能力も労働力として駆動させ、資本に奉仕させる。

この波に、障害当事者が運営する、自立生活センターだからといって逆らえるわけではない。

障害当事者が福祉事業を運営することで、障害当事者も使用者（経営者、資本家）となり、労働者との間に力関係が出来てしまうからだ。障害当事者が使用者になったからといって、既存の労使関係にある力関係が急に変わるわけではないし、変わってしまうことは障害当事者を対等に扱わないということになる。

だが、自立生活センターの趣旨はそこにはないと期待もしてしまう。障害者から介助者に対して、「介助」労働がどういうものか一緒に考えてほしい、そして、連帯しながら障害者である私たちと一緒に生きていこうという問いかけ・呼びかけが常にある。

石地さんの聞き取りに前後してこのようなことを考えた。右に書いたことはこの私が障害者やマイノリティと一緒に共にあるとはどういうことかのひとつのアンサーのつもりだ。

＊

障害者からの、介助を受けている人からの、呼びかけ・問いかけが常にある。

同じように、石地さんとの聞き取りのなかで、石地さんのお母様からの呼びかけがあったのではないか、という感覚があった。

この私がどのように部落民に——ひいては様々なマイノリティに——出会っていくのか？　一緒に生きていくのか？　連帯していくのか。

そのためにも、自分が部落出身だということをオープンにする意味ということを再度とらえなおせた気がしている。

部落解放運動にも、また、自律性や自立性があった。「一般並み」[3]の住宅・衛生環境、労働、教育、親密圏の人間関係形成から排除されてきた被差別者が、自ら集い、声を上げて、権利や制度を勝ち取ってきて、コミュニティを形成してきた。[4]

運動後の世界では、「部落差別」といったときの差別事象がどういうものか、全く形態が異なってきているだろう。例えば、世代間での違い。地域間での違い。職業での違い。性別の違い。

私自身は、親世代とは違って、同和対策事業と高度経済成長期の余韻が残る時代のおかげで、「一般並み」を目指したアファーマティブアクションの成果を存分に享受してきた。保育、解放子ども会、住宅、衛生環境、積み重ねてきた学歴。

部落出身者だということをレペゼン[5]したいわけではない。だが、育った地域や運動のおかげで、部落出身であること、運動の恩恵をもって育ってきたことにはプライドを持っている。隠す必要がないことも知っているが、必要のないときは部落出身だとは言わないこともある。

そういう私もここにいる、と示すことが大事だ。部落出身者にも様々な人がいるというために。

＊

部落差別と優生思想も、切っても切り離せない。

石地さんは言う。

――障害児を産まなあかんことは大変かもしれんけど、それでも産まな始まれへん

産む人を支えるための石地さんたちのアイデアのひとつは遺伝子カウンセラーに障害者が就くことだ。すでに生きている障害者を知り、生きるために障害者が通ってきた道を知り、みんなで力をつけていく。そんなに難しいことではない。障害者も障害者の親も実際に目の前に存在して

いるからだ。

部落も同じじゃないか。

子が産まれた瞬間に戸籍に載る。戸籍制度が存続して、差別者が戸籍にいつまでもこだわるんだったら。部落民が誰も子を産まずに、戸籍に載ることがなくなれば、部落民も部落差別もなくなるんじゃないか。だったら産まれなきゃいいし、産まなきゃいい。

いや、もちろん、この世は確かにある意味ノー・フューチャー。あらゆる差別はとまらない。地球はヒートアップして、気候変動まっしぐら。大雨、洪水、土砂崩れ。２０２４年1月におきた能登地震のあと、中央政府から置いてきぼりの被災地。Ya Basta! もう限界。

本当にそれでいいのか。私は存在しているのに？ 私たち部落／民がいなくなったところで、差別者は新たな差別を再生産するだろう。バックラッシュも激しい。こんな状況で私たち部落／民が消えてなくなることは出来ない。だったら「それでも産まな始まらない」だろう[6]。

そして、ここにいる、と言う必要がある。石地さんが「リメンバー7・26神戸アクション」で身体をストリートに投げうって障害者の権利を主張しているように、自身を開示して。

寝た子は起こそう。無理に起こす必要はない。起きた後何もしなくても良い。再び寝たら再度起こせばいい。起きて寝てまた起きたら、私たちがここにいる。

とりとめもなく話したり、街を歩いたり。山に登るのも良いし、ＳＮＳでつながるだけでも良い。介助が必要な人を探すことも出来るかもしれない。そして、介助し介助されながら、この大変な世の中にどうにか生きてきて大変だったね、よくここまで生きてきたねと言い合うのだ。

私たちはここにいる。

1 点字の対義語。紙に書かれたまたは印刷された文字のこと。

2 大阪市内の部落解放同盟は多かれ少なかれ高齢・福祉事業が主力事業になっていると思われる。関連法人は地域内でのプレゼンスもある。障害者運動や障害当事者との連携・参照がどの程度までされているか、関心を持っていることではある。

3 しかし結局部落解放運動が目指した「一般」とは何だったのだろうか。私たちを差別するような「一般」を目指すのではなく、その「一般」とは何かを押し返すラディカルさはどこで失われてしまったのだろうか。学校に行けなかった非就学とのちの登校拒否・不登校との関係性（反－学校）を、不安定労働とフリーター・ロスジェネ世代との関係性（反－労働／資本主義）を、結婚差別と家父長制や親密圏の関係性（反－婚、反－天皇制）を、反戦を、障害と健常の関係をラディカルに考えていきたいと思っている。

4 もちろん、運動やコミュニティ内部で権力関係が簡単に形成され、排除も起こってきた。性差別や当事者性の「真正」を問うようなこともしばしば起きていただろう。

5 出自や属している社会的な集団を代表する（represent）という意味。

6 とはいっても、子を産むことと選別（優生思想）は切っても切り離せない状況にあるだろう。兵庫県がはじめた不幸な子どもの生まれない運動施策の一環であった妊婦指導は、母子手帳をもらう瞬間から始まる。羊水検査も、自費とはいえ、当たり前に行われている。2022年の4月には不妊治療も保険適用の治療になった。不妊治療は大なり小なり精子・卵子の選別を行う行為だ。不妊治療の先進医療に助成を行う自治体も多い。9人に1人は体外受精をして産まれてきた子というデータ（2022）もある。妊娠出産を望む人々が、この状況に立ち向かうのは困難に決まっている。石地さんたちのアイデアがより一層必要な状況だ。

BGM（大幅に原稿を改訂しながら、本棚から取り出して読んでいた本）
李静和『求めの政治学』、藤高和輝『バトラー入門』

第6章

「食」の記憶に浮かびあがる部落女性たち
——ある皮なめしのムラの聞き取りから

瀬戸徐映里奈

はじめに

予定のない夜は、できるだけ自炊するようにしている。どれも、食材をただ炒めたり、煮たりするだけの簡単な料理ばかりだ。献立を決め、必要な食材の調達、調理、片付け。この一連のプロセスを終えて、ようやく食べるための家事は終了だ。けれど、わたしの場合、一晩のうちに片付けが終わることはめったにない。シンクに調理道具や皿が積み重なったまま、寝てしまうこともしばしばだ。家事に苦手意識があり、自分のケアさえままならないわたしにとって、女性に家事や育児の負担が重く覆いかぶさっている現代社会は息苦しい。家事・育児分担についても様々な議論が広がりつつあるが、女性は家事ができるよう厳しく躾けられているものだという前提があるように感じてしまい、自分が女性として落第しているように思えてしまう。個人を超えて性別に基づいて評価されること自体が性差別なのだが、そんなコンプレックスをなかなか払拭できない。こんな気持ちもあって、部落女性（部落に出自をたどることができる、または部落に住んでいる女性）の経験に向き合おうと決めたとき、この食べる営みから考えたいと思った。部落女性たちが向けられてきた差別、そのことによってもたらされた貧困と厳しい労働のなかで、部落女性は家族や自身の食をどのように準備し、提供し、それぞれの空腹を満たしてきたのか。そこで提供されてきた食はどのようなものなのか。それを考えることは祖母をはじめとする自分に連なる部落女性の経験に向き合い、その一員である自身を見つめ直すことでもある。

近代化と資本主義の拡大とともに、男性が主な稼ぎ手とされ、女性の主婦化が進んだが[1]、被差別部落の場合は男性が部落差別によって主要な労働市場から排除されたため、部落女性たちは家事や育児を担いながらも、自身と家族の生存のために日銭を稼がねばならなかった。厳しい生活のなかで家事と労働を両立しなければならないという経験は、様々な理由で経済的な困難にあった女性たちにも共通するものだろう。しかし、戸籍や出身によって安定した労働から排除され、結婚差別の被害にあっていた部落女性の就労・生活形態は、一般の貧困問題に押し込めることのできない独自の問題性を孕んでいた[2]。一般地区の女性たちが高度経済成長期を乗り越え、家という檻《おり》を飛び出してその人生を自らのものとして取り戻そうと声をあげていた頃、部落女性たちの多くは、零細かつ、非正規、不安定な職種に留め置かれており、部落差別と部落内外の性差別という二重の枷《かせ》から自らを解放する険しい闘争のなかにあった。本章が注目したいのは、そうした経験のなかで食べ継がれ、または食べられなくなった「食」であり、付随する部落女性たちの物語である。食べていた食材や料理の記憶について語るなかで、女性たちの姿はどのように思い返され、女性たちは自らをどう語るのか。食べ物の調達・調理を切り口に部落女性たちの経験を紡ぐのが本章の目的である。

Ⅰ 「混血」として部落フェミニズムを掲げる――経験の濃淡、または欠落

第二波フェミニズムのスローガンが「個人的なことは政治的なこと」であったことをうけて、わたしも自分のことを話しておきたい。それは、部落フェミニズムが誰を主体として展開しうるものなのかという議論とも繋がるからだ。

本書は、部落女性自らが部落女性の解放を起点にしながら、あらゆる差別の解消を求める部落フェミニズムを掲げている。黒人女性たちが白人女性のフェミニズムを問題視し、黒人女性が抱える困難からの解放のために立ち上げたブラックフェミニズムに鼓舞されるかのように、日本においても被差別経験をもったマイノリティ女性たち独自のフェミニズムがそれぞれ花開いてきた。[3]これらのマイノリティ女性たちが生み出すフェミニズムを学び力づけられる一方で、わたしは諸手を挙げてそこに参与することにためらいを感じてきた。わたしが社会から向けられる差別には、部落と朝鮮それぞれに対するものが含まれている。わたしはこの点で、朝鮮人でもあるし、部落民でもある。在日朝鮮人運動と部落解放運動を通して、わたしと他者の経験を相互参照していくなかで、わたしは自分の位置を見極めながら、存在を肯定され、自分自身の声を取り戻したり紡いだりしていった。それなのに、部落女性や朝鮮女性がそれぞれ築きあげてきたフェミニズムに主体的に参与することにためらいを感じてしまうのは、これらのフェミニズムが、出自に対するマジョリティからの差別と性差別の解消のみならず、帰属集団や家庭のなかで引き起こされる性差別の解消を目指すものでもあるからだ。マイノリティ女性たちはそのマイノリティ集団がおか

れた社会的文脈のなかで形成された性差別についても問題視してきたが、関わるにつれそこで問題視されている経験を十分にもたない自分に気づかされていった。例えば、朝鮮人女性が、家庭やコミュニティにおける家父長制や性別役割分業を問ううえでよく議論するものの一つに、先祖供養のために行う祭祀（チェサ）がある。「日本人」の家庭で育ったわたしはこれをいちども経験したことがない。このことが示すように、わたしにはいわゆる「純血」とされてきた存在たちが共通してもつ経験が欠落している。[4] その欠落は、家庭において決して対等ではない二つの文化や規範が衝突するなかで、起こったものといえるだろう。わたしの経験は、部落民、朝鮮民族、女性のみならず、「混血」であることの経験も交差しながら構成されている。そのため、部落や朝鮮それぞれのフェミニズムにおいても、そこで共有していると想定されている痛みをすべて抱えているわけではないという、欠落を感じざるを得ない。わたしは、あえてその欠落も強調したい。個人が生きる場所のなかにある痛みから、現実を捉えなおすからこそ、それぞれが抱える生きづらさを浮き彫りにし、その痛みを尊重しながら、差別解消のための運動をつくりあげることができると思うからだ。その複雑さを紐解くうえで、イエやコミュニティで食べ継がれ、様々な繋がりや記憶が刻まれている食べ物は、大きな手がかりをくれるに違いない。

その手がかりとして、わたしにとって最も身近な部落女性である祖母の人生に浮かびあがる「食」の語りから、世間に流布する部落の食文化との共通性と、そこからは見えてこない食べ物の存在についてまず述べたい。そのうえで、祖母が結婚のために移り住んだ部落と同様に皮なめしを主要な産業としてきた部落の食べ物についてとりあげる。わたしの祖母の「食」の記憶とそのムラの「食」の記憶の共通性や差異を明らかにし、部落女性の実像に迫ることを試みた。

2　祖母と食べ物の記憶

1920年代から40年代頃の暮らし

2022年に96歳で亡くなったわたしの父方の祖母は、1925年に関西のある小さなムラで生まれた。関西では被差別部落のことをムラと表現することが多いため、ここでもそう呼びたい。祖母の生まれたムラは、平野のムラで、近くに河が流れている。祖母が初めて自分が部落民であることを自覚させられたのは、小学校で同級生に部落民を指す言葉を向けられたことがきっかけだった。祖母の父は土木の会社をしていた。祖母は小学校3年生くらいから、田んぼで働く母の手伝いをしていた。田しごとは母が一手に引き受け、父や兄は田んぼの土を一切踏んだことがない。祖母たちが手塩にかけて育てていた田は、ほかの多くのムラがそうであったようにムラの外にいる地主のものだった。収穫したコメはすべて地主のものになり、わずかな麦だけが手元に残った。[5]地主がムラに不在である理由を、祖母は「コレやから」と部落民を暗示する手振りでわたしに伝えた。とはいえ、祖母が物心ついた頃には父の仕事が軌道にのっていたので、食べるのには困らなかった。それでも、二人の姉たちの子ども時代の生活は厳しく「口減らし」でよそへ働きにいかねばならなかったし、19歳になると結婚させられた。家に残った三女の祖母は、家族のために一生懸命働いた。勉強よりも働くほうが性に合っていたので、進学したいとも思わなかった。戦争中は、女工不足だった近くの紡績工場に時折通い、1日90銭で働いたこともあった。日本の敗戦時、祖母は20歳だった。「なぜわたしらが生き残っているのに、日本が負けたんや」と悔しくて仕方なかったと口にした。「一億玉砕」といった当時の軍国主義がいかにひとびとの心に浸透していたものなのかを感じた。差別を払拭しようと、国家に認められる模範的な国民になろうとしてきた部落民ゆえの心情も絡まり合っていたのかもしれない。

婚家での暮らし

敗戦後の混乱期も、やり手の父のおかげで、祖母はひもじい思いをすることはなかった。父の仕事の会計を担当し、従業員の日当の支払いなどは祖母がやり繰りしていた。しかし、24歳のとき「あの家にいってこい」と一方的に父に結婚相手を決められてしまった。実家から5キロほど離れたところにあるムラで皮なめしをしていた家の息子だった。

祖母は息子や娘に折々に自分のかつての苦労や愚痴を語っており、幼かったわたしもそれを一緒によく聞いた。例えば、ある日の食事に具沢山な味噌汁を出したところ、舅に「おかずか」と叱責されたときの怒り。このエピソードを聞かされたとき、わたしは約50、60年も経ってなお続く祖母の舅への怒りを十分に理解できずにいた。おそらく、子どもの頃から家族のために働いてきた祖母にとって、自分の味噌汁を婚家の長に真っ向から否定されたことは、自分が育ってきた家で培ったものの全否定を意味していたのだろう。

嫁ぎ先で、祖母も皮なめしの仕事に従事することになるのだが、当時は河原で皮を漬け込んで毛を取ったり、干したりしていた。そのため、雨が降ると皮が濡れるし、増量した川の水に流されてしまうので素早く回収しなければならない。ある日大水がきてしまい、うっかり足をとられて川に流され、溺れそうになったが、皮をとめていた杭に掴まって命拾いをしたこともあった。

この話を聞いたとき、下手をすればここに祖母はいなかったかもしれないと怖くなったことを覚えている。このエピソードが示すように、当時は屋外での作業が多かった。雨が降ればそれをサボる口実にする男たちを尻目に女性たちだけで作業をすすめた帰りの車中。みんなで「男なんていらんで！」と和気藹々と盛り上がったという話も印象深い。わたしが生まれる前に祖父は亡くなっていたのだが、苦労させられた話は聞いていた。祖母のこの豪胆な言葉からは、厳しい労働を逞しく生きる女性たちの姿と、結局は男性ありきで成り立っていた仕事や家庭を陰で支える女性の悲哀を感じた。夫の両親を介護し、夫の浮気にも耐え、夫以上に働き、3人の子を育てあげた祖母は、哀しいことや悔しいことばかり語ったが、その振る舞いにはきっぷの良さがあった。けれども、こうした祖母の語りや振る舞いは、テレビや友人の話に登場する世間のおばあちゃんとはどこか違っていて、違和感を抱いてもいた。

これらのエピソードは、孫のわたしの記憶を寄せ集めて記述したもので事実とずれることもあるだろう。[6] それでも、ここに書いたことは一度だけ語られたものではなく、断片的ではあるが、何度も祖母の口から語られた出来事であり、次世代へ継承された部落女性の記憶の一端である。

新しい土地で

紆余曲折あって、祖母の家族は長く暮らしたムラから引っ越し、わたしはそこで生まれた。祖母はムラ出身であることは絶対に口外しなかったし、しないように孫たちにも徹底して教えた。一方、名簿や表札をみては「あの〇〇って名前は、▲▲のひとちゃうか」と部落出身者が近くにいないか気にしていた。自分を知るひとに遭遇することを恐れていたのかもしれない。

息子や娘が結婚し孫が生まれたあとも、祖母は家族のための料理を作り続けた。祖母は息子（わたしの父）と同居していたが、日中は娘（わたしの伯母）の家に通っていた。平日は、忙しい娘の代わりに孫たちのために食事を作り、夕方息子の家に戻る生活だった。祖母の料理でわたしが思い出すのは、ポテトサラダ、カレー、煮込みおでん（関東炊き）である。[7]年をとったので、手の込んだものを作りたくなかったのかもしれない。一度に大量に作ったら、夕ご飯にそれを2、3日くらい食べ続けることはざらだった。

また、足腰が元気な頃は春先になれば近所の山を見つめ、ワラビやゼンマイが生えていないか様子を探っていた。その食べ物を探す眼力は山にだけ向けられるのではなく、町のなかでも発揮された。そこで思い出されるのがスカンポ（イタドリの別名）だ。母が病気がちだったこともあり、幼稚園や低学年のときは祖母が迎えに来てくれた。その帰り道に空き地に自生していたスカンポをもいで、食べさせてくれることがあった。スカンポは、中が空洞になっていて、茎を割るときにポンと音がする。「食べてみ」と突き出され、衛生への一抹の不安を茎の薄皮を剝ぐことで払拭し、かじってみれば、レモンよりも柔和で青臭い酸味が広がった。いま、わざわざ食べたいとは思わないが、空き地でスカンポを見ると祖母を思い出す。

一方、祖母は母が作る朝鮮（韓国）料理を「あちゃらもん」（外国のものを指す関西弁）といって嫌がった。かつて自分の味噌汁を舅から「おかずか」と否定されたことを悔しく語る祖母であったが、義理の娘の食文化を否定することは問題ないらしい。そんな祖母も、日本の食卓で市民権を得ていたキムチはよく食べた。そして、わかめスープ（미역국：ミヨック）とテールスープ（소꼬리곰탕：ソゴリコムタン）もよく飲んだ。マジョリティに好まれるものだけが、受容されて

いくのは異文化の食の宿命なのかもしれない。母に対する祖母の姿勢を決して肯定できず、祖母に対して愛憎混じりの感情も抱えてきた。

祖母と食べ物の記憶。そこには、直接食材を自然から採取し、または土地制度に縛られながらも自身で栽培し、または経済状況にあわせて市場から購入し、時間を工面して調理するといった生活の工夫が浮かびあがる。そして、自分の食文化を婚家では否定されながら、嫁の食文化は食べ慣れない異国の食、しかも蔑むべき民族の食として否定する。食べることに伴われる、順応や取捨選択、家族といえども他者と共に暮らすうえでの要求と諦め。食べ物に伴われる物語は、ノスタルジーに浸れるような温かなものだけではないことも祖母からわたしが学んだことだ。

部落の食文化？

ここまで祖母の人生とそこに現われる食の記憶を綴ってきた。詳しい読者なら、気づいたひともいるかもしれない。部落の食文化といえば、煮凝り[8]、あぶらかす[9]、ホルモン、さいぼし[10]といった肉料理がまずあげられる。わたしがこのなかで自分の家で食べたことがあるのは、焼肉で食べるホルモンと煮凝りだけだ。祖母は煮凝りを「こがらかし」と呼んでいた。わたしが初めて口にしたのは、小学校高学年か中学生の頃で、家では数回しか食べたことはない。四角い形をしていて寒天のようだが、寒天よりも弾力があり、白濁し、肉の屑のようなものが内包されており、生姜醤油をつけて食べる。わたしはその不思議な食べ物を「肉ゼリー」と呼んでいた。栄養があって体にいいからと祖母に無理やり生姜醤油をつけてすすめられるもので、わたしから食べたいと思ったことは当時いちどもない。食卓にのぼると辟易して、学校で友人に「肉ゼリー」の愚痴をこぼしてみるが、誰ひとり知らない。そのあと、部落の食文化のひとつであることを知り納得したのだが、多様な肉料理があるにもかかわらず、我が家で食べられていたのは「こがらかし」だけだった。そのひとつを作って食べている時点で部落の食を継承していることに間違いはないのだが、部落の食文化は先述の食べ物に収斂《しゅうれん》されるものだろうかという疑問が湧いた。

広島の被差別部落を研究してきた小早川明良《こばやかわあきら》は、多くの部落民の生業が農業であったにもかかわらず、肉食を中心に語られていることに疑問を呈し、その理由を部落解放運動において食肉や皮革などの産業従事者が中心とされてきたために、かれらの食文化が代表的に語られるようになったからだと指摘している（小早川　2018：124）。部落の食文化が肉類を中心に語られることは、当事者の運動のなかにも中心と周縁があることを示している。屠畜、血、死というものがケガレを連想し、差別を引き起こす要因になっていたことを想像すると、その経緯にも致し方ない面もあると思う。しかし、その経緯のなかで取りこぼされたものがあるのであれば、部落の食文化を再検証することは、部落民ひいては、その主な提供者であった部落女性の実像をより精緻に描くことにつながるに違いない。

ならば、個々の記憶は、どのように「部落民」の記憶になり、そこから部落女性の実像が結ばれていくのだろう。共通の記憶から部落女性の経験を明らかにするために、わたしは、祖母が結婚のために移住したムラと同じように皮なめしを営んできた近畿圏のあるムラで、食べ物の記憶を尋ねることにした。結局、食肉と関係が深い皮革産業のあるムラになってしまったのだが、そのムラの食を幅広く捉えることで、代表的な食文化の後ろに隠れてしまった地域それぞれの独自性とそこに生きるひとびとの食べる営み、そこに現われる部落女性の記憶を辿っていく。

聞き取りは、これまでの調査や社会運動のなかで出会ったこのムラの住民の数人にまずお願いし、それぞれから聞き取りできるひとを紹介してもらった。その結果、1940年代~70年代生まれの総勢17人(うち女性は6人)[11]にこれまでの仕事のことや記憶に残る料理についてお話を伺うことができた。[12]この語りのなかから、祖母や母、自分自身の経験との共通性を見出し、部落女性が抱えてきた問題やそれを克服する力を捉えてみたい。[13]

3 ムラの暮らしと仕事

多様なひとびとによって形成されるムラ

このムラは元々800~1000世帯が暮らす大きなムラだった。しかし、現在は少子高齢化が進み、戸数は約300世帯に減少している。曽祖父母の前から代々その地域で暮らしてきたというひともいれば、祖父母の代に近隣地域から、または市外の農村部から仕事を求めて移り住んだひとたちもいた。女性は、結婚による移住を経験しているひとが多い。ムラの外から婚入したひとも多く、子ども時代のムラでの生活について伺えたのが前述の6人だった。ちなみに、最も遠くから結婚で転入したひとの出身地は東北、次に九州だった。ムラとムラを結ぶ幅広い繋がり合いには驚かされてしまう。

日本がその領域を拡大すべく植民地支配や戦争を展開していく時代にはいると、ひとびとの移動は各地で激しくなった。被差別部落のひとびとも例外ではない。1930年代に差別のない生活ができると誘われて満州の開拓団へ加わった家族もあった。しかし、満州でも他の日本人から爪弾きにあい、差別は続いた。同じ満州に渡ったひとでも、電話交換士として活躍した女性もおり、ひとびとの暮らしぶりや経験も決して一枚岩でない。東京大空襲で祖父母が被災したために、親類が住んでいたこのムラに身を寄せ、そのまま暮らしているのだと語るひともいた。徴兵された父、兄や弟が無事に復員できたかどうかで、敗戦後の女性たちの人生も大きく変わっただろう。被差別の経験を抱えていた部落民の戦争経験はわたしが学んできた多くの「日本人」のものとは異なる様相を描いていることも聞き取りから感じたことだ。

住民たちの話から、その構成員の生活や職業、生活歴は決して一様ではないことがわかった。また、社会からの排除ゆえに被差別部落は閉鎖的だというイメージがなおあるが、ムラの構成員は近世の被差別部落の子孫だけが住んでいるわけではなく、近代化のなかで再編成しながら、新たな住民を含みこんできたことが明らかになった。それなのに、差別だけは根強く残ってしまったのだ。

ムラの仕事——伝統産業から工業化へ

古代からこのムラでは皮なめしが行われており、その質は戦国武将たちが認めるものだったという記録が残っている。近代化とともに、ヨーロッパのクロムなめしやタンニンなめしが日本に持ち込まれ、伝統的な技術による皮なめしは下火になった。1910年には工業化が進み、資本家たちが大きな製革工場を運営し始める。度重なる戦争を経験するなかで、軍隊の靴や鞄、ベルトなどに不可欠な皮革の製造は、軍需産業へと発展していった。こうした経緯のなかで細々と伝統的な皮なめしをしていたムラの職人のほとんどは、少しでも安定した収入を得ようと大きな皮革工場へ勤めるようになり、資本家にその労働力を搾取される立場に甘んじることになった。

敗戦後、軍需産業としての皮革工場は解散するが、技術をもったひとたちを中心に新しい町工場がムラのなかに設立された。皮を革にする工程を分担することで、大きな資本がなくとも製造に携わることができた。1960年代頃のムラのなかには田が残っており、自家消費のための稲作をしながら、皮なめしをしている世帯も多かった。しかし、皮革生産の需要が高まるなかで、その田は転用され、住宅や工場が建てられた。ムラ全体が巨大な工場となり、ムラは皮革の一大産地になっていく。

インタビューに協力してくれたひとのなかで、自分や家族が一切、皮革の製造に関わったことがないひとはいなかった。自分の家が皮なめしの工場を営んでいたひと、工場の職人として雇用されていたひと、生活費を補うために短期間だけ働いていたひとなどその形態も期間も様々だ。皮革の仕事以外には、革製品の仕入れや販売、剣道の武具の修繕、酒屋などで生計を立てていたひとがいた。こうした家業を手伝う女性たちもいれば、ムラの外で化粧品屋や着物の仕立てで生計を立てる女性たちもいたようだ。副業として温泉地などの芝居小屋で芸を披露していたひともいて、わたしの知らないムラのひとびとの暮らしが見えてくる。

さらに、1940年代以降に生まれたひとの場合は、親から家業の工場を引き継いだひともいる一方、一般企業の技工や営業、教員、市役所職員、板金屋など職業も多様化していく。また1950年代半ば以降に生まれたひとから、一般地区出身者との結婚も増加する。なかには、自身や家族が在日コリアンやドイツ人、フィリピン人などの外国人と結婚したひともいた。その間に生まれたダブルの子どもたちはわたしとほぼ同世代だ。産業の衰退もあって、他の多くの被差別部落と同様に少子高齢化が進んでいるが、その穴を埋めるように新たな外国人住民の転入も進んでおり、住民数は減少しながらも、その多様化はますます進みつつあるようだ。

4　働く母の姿と料理の記憶

「男も女もない」厳しい労働

高度経済成長期を迎えると、需要は増大し、皮革の注文数は増加した。納期に間に合わせるために、機械の安全装置をきって作業をすることも横行し、労働中に腕や指を切断する、時には命さえも落としてしまうような事故も起こった。また当時は、人体に悪影響のある薬品も使われており、健康を損ないやすい厳しい労働環境だった。自宅と工場が併設の建物が多く、職住の線引きは曖昧だった。そうした生活空間にある母親たちの記憶は、労働と紐づけて語られる。

「うちの母親はずっと男と同じように仕事してた。ほいで寝たきりのおじいちゃんの世話もしてた。母親の寝とん姿は見たことないような感じ。だから、夜中にもうずっともどしてるのんも、うすうす覚えてる。こっちは見とっても見てないふりしてたけど。」

（1951年生・女性）

「（母親は）あっこいったら電話番しとくだけでいいんやでって騙されてきたと言うてました。その頃は毛を抜くために川に皮を漬けていて。自分らがお腹におる間も、朝3時に川浸かっ

てやってたん。」（1965年生・男性）

「皮革の仕事には男も女もなかった」という言葉は複数のひとから聞くことができた。男性と同じ仕事をする体は、出産を控えた身重の体であることもあった。工場の労働に加えて、家事や育児は女性たちがほとんど担った。高齢化で皮なめしの重労働から引退したとしても、忙しい嫁の代わりに一切の家事や育児を引き受けて働き続ける母や祖母の姿も語られた。

1960年代末までムラのなかには保育所がなかったので、ムラでは寺院が子どもたちを預かっていた。しかし、費用がかかるので、工面できない場合、親たちは幼い子どもを抱えて働かなければならない。赤子をずっと抱えて仕事をするわけにもいかないので居住スペースに置いたままにすると、機械の音が響いているので赤子が泣いてもその声が聞こえない。赤子の泣き声を聞きつけるたびに近所の女性が声をかけ、そのときは作業を中断して母親が子どものもとへ駆けつける。そんな大変な状況で、母親は自分を育ててくれたのだと語ってくれたひともいた（1962年生・女性）。黙って家族のために耐えてきた女性たちがいる一方、自分が遭遇した困難や経験を娘や息子に語って聞かせてきた女性たちがいた。

語るそのひと自身も、帰宅後や学校が休みの日には親たちの手伝いをした経験をもつ。幼い弟や妹がいれば、親の代わりに面倒をみる。幼いときには簡単な仕事やおつかいを任されるが、中学生や高校生にもなれば、頼れる働き手の一人となった（1972年生・女性）。ただどの工程が家業になっているかによって、手伝い方もまちまちだったようだ。小学校4年生の頃には、皮を運ぶ仕事や、母親の代わりに煮炊きの準備も任されたと語るひともいたが（1952年生・女性）、刃物を扱う危険な工程だったので、自分が工場の作業に関わることはなかったというひともいた。

部落のスタミナ料理

体が資本の仕事だったので他所のひとよりもいいものを食べていたという語りもよく聞かれた。重労働に耐えて生産力を維持するためには、まずは滋養のあるものをたくさん食べることが必要とされたのだ。

そんな日々のごちそうのひとつが、あぶらかすのすき焼きだ。[14] 現在でも折々に家で食べているひとが最も多かったのもこの料理である。あぶらかすにも種類や等級のようなものがあり、大阪の業者から取り寄せるものが美味しい上質のあぶらかすというひとが多かった。県内から結婚で移住してきた女性は実家で食べたあぶらかすとこのムラで食べたあぶらかすは質も味も違うものだと教えてくれた。以前はムラの八百屋や肉屋で簡単に買えたが、それらの食材店は閉店してしまって簡単には入手できなくなってしまった。それで、今はムラの外から調達するそうだ。家によって取り寄せ先は違うようだが、大阪の羽曳野市や鶴橋、奈良から取り寄せていた話を聞くことができた。こうして食材の質にこだわることができたのは、皮革産業が栄えており、経済的に潤っていたからだ。そして、その取扱いをする業者やその業者の住むムラに親類や知人がいることがより調達を容易にした。皮なめしの生業や結婚を通して構築された部落民のネットワークはその食生活にも大きく生かされていた。ちなみに、あぶらかすとともに煮炊きするのは、水菜か突き切りした大根が定番の野菜だ。こんにゃくや白菜、人参をいれる家もあるが、ムラの古老たちは、突き切りの大根と炊いたものを好むらしい（写真①）。

①あぶらかすのすき焼き

手前の鍋が突き切りした大根と炊いたもの。奥の鍋が水菜と炊いたもの。(2024年9月4日筆者撮影)

②煮凝り

醤油で味付けをしているので、茶色い。わたしの祖母が作っていた煮凝りは醤油はいれず、乳白色。ちなみに、大阪府南部で食べた煮凝りも同様に茶色かった。（2024 年 9 月 4 日筆者撮影）

③おごんぼ／おしっぽ（テールの煮込み）

テールと大豆を先に煮て、あとからじゃがいも、こんにゃくをいれ、最後に醤油とみりんで味付けする。わたしはまだ食べたことがない。
提供：地域の会館の館長さん（2024 年 10 月 4 日撮影）

煮凝りもよく話題にのぼった。アキレスを使用するひと、すじ肉を使用するひと、どちらも存在する。見た目の色や食感も若干変わるようで、大豆を一緒に固めて食べると答えるひともいた。ムラの女性にお願いして作ってもらった煮凝りは、醤油で下味をつけているため、全体的に茶色い色をしており、味がしっかりしていて美味しかった（写真②）。

ほかにも、おごんぼ、またはおしっぽとよばれる牛のテールの煮こみがあることもわかった（写真③）。冬に食べられるもので、スープというよりは煮込みにして食べられる場合が圧倒的に多いようだ。こちらも醤油味で、わたしの母が作っていたテールの出汁と塩味がベースの透明なスープとは異なる。[15] この料理は、滋養があるので、病気のひとに作って食べさせたらしい。煮凝りもおごんぼ（おしっぽ）も冬の料理で、工場でストーブを炊いているときに、そこに鍋をかけて作業の傍ら半日ほどコトコト煮込んで作っていた。いまの生活ではなかなか煮込みの時間がとれないが、圧力鍋で短い時間で炊き上げたり、家族が揃う時間のある年末にゆっくり煮たりして、お正月に食べるというひともいた。[16] 帰省した息子やその家族が喜ぶので作り甲斐があるそうだ（1952年生・女性）。

部落女性たちの工夫——時短料理と食の外部化

皮なめしの需要が高まり、1970年代頃からムラは労働者たちであふれにぎやかになり、ひとびとの経済状況も上向きになっていく。しかし、需要に応えるためには一家総出で働かねばならないため、食材をゆっくり調理する時間はなかなかとれない。先述のあぶらかすのすき焼きも短時間で大量においしく作れるがゆえに日々の献立に選ばれたのだろう。

忙しい朝には自家製の茶袋に粉茶をいれて、生米とともに煮て茶粥を作った。[17] 病気のときには白粥を作ってもらえるのが嬉しかった（1951年生・男性）という語りもあったので、茶粥は味気なくおいしいものではなかったかもしれない。手っ取り早くお腹を膨らませることのできる時短料理だったことがわかる。

部落女性たちは、家族や自身のみならず、工場で雇用している場合には職人たちにも食を提供しなければならなかった。作業が詰まって忙しいときは、家族や職人のために、大鍋に大量のカレーや煮込みおでん（関東炊き）を炊いて、2、3日食べ続けることも珍しくなかった。1970年代後半頃にカップ焼きそば麺が流行ったときは、買い込んで職人たちに提供することもあったようだ。

この頃、ムラのなかには4軒の八百屋、3軒の酒屋、数軒の肉屋、お好み焼き屋などが営まれていた。[18] 先述のようにあぶらかすや煮凝りもここで買うことができた。にぎやかに労働者たちが行き交うムラに商機を見出して、ムラの外のひとが食堂を開いて、工場への出前も行っていた。中学生の子どもに弁当をもたせられないときは、中学校まで出前してくれることもあった。評判のよい食堂には多くの注文が殺到した。

時短料理や作りおき、お惣菜、食堂や出前によって、女性たちは煮炊きの時間を節約でき、家族や自分の胃袋を満たして、明日の活力を得られたのである。外食や惣菜を家や職場で食べることは、食の外部化といわれ、しばしば女性の社会進出と絡められて議論されてきた。調理食品と外食への支出の合計が食料支出に占める割合は、1975年は28・4％（2022年は38％、ピークは2007年）だというが、[19] 部落女性たちが出産・育児中も働き続けていたことを考えると、部落の場合はもっと早くから零細な工場で働く女性たちの調理を支えるための仕組みが生み出され、地域の経済が回っていたと考えられはしないだろうか。

残念なことに皮革工場の衰退、住民数の減少のなかで、これらの店舗は1店舗を除いて現在すべて閉店しており、ムラのひとがムラのなかで食材やお惣菜を買えなくなってしまった。地域の産業が衰退していくなかで、自らが食べ物を選び、調理し、または購入して食べていたという主権は奪われ、現在はスーパーやコンビニに通い、大手の流通システムに依存するようになってしまった。なんだか悲しい。

5　産業や暮らしとともに変わる食べ物

特別な日の食

ほかにもムラの特徴ある食として紹介されたのが、お正月の煮しめだ。一般的におせちには黒豆と煮しめは別々に供されるが、このムラでは黒豆入りの煮しめになる。[20] あげ、小芋、蓮根、人参に黒豆の味が染みて美味しいのだという（1952年生・女性）。多忙ななかで、おせちの時短料理も発明されていた。

また、神輿のでる10月の秋祭りでは女性たちが総出で巻き寿司を作った。いまでも、婦人部が祭りの参加者のために約250人分のお弁当を早朝から用意する。祭りが地域にとっていまも特別な日であることがわかる。

葬式や法事、新築祝いのときには、親戚の女性たちが料理を自ら用意せねばならなかった。そ

④ホルモンの白和え

冠婚葬祭の際には、必ずこの料理が出たそうだ。インタビューをうけてくれた1940年代〜60年代生まれのひとでも自分で調理したことがあるひとはいなかった。
お姑さんから叩き込まれたというIさん（1950年代生）が、調理をしてくれた。センマイ（牛の第三胃）・フクゼン（肺）がはいっている。
（2024年9月4日筆者撮影）

の間、男性たちはなにをしていたのかを尋ねると、工場で仕事をしていたような気がするという返答があり、当時のムラの多忙さが窺える。こうした慶弔に関わる行事に必ず登場したのがホルモンの白和えだ[21]（写真④）。別のムラからこのムラへ結婚で転入したひとはホルモンが白和えに入っていることを知って最初は驚いたが、姑から学んで自分も作るようになったそうだ。

産業の盛衰とともに、失われた料理

聞き取りをすすめていくなかで、このムラにはかつて「しまたろう」とよばれる料理があったことがわかった。聞き取りのなかで尋ねると、17人中16人が知っていた。この「しまたろう」が幻の食べ物になっている理由には、皮なめしが工業化してしまったことがある。元々、伝統的な皮なめしの工程は、化学薬品を使わず、皮を河川の水に漬けて、バクテリアで毛を分解し、菜種油、塩といった天然材料で行われていた。川から出したあと、表の毛をとったあと、裏の脂をとる。その途中に出る「きれいな皮質」の部分を集めて、長い時間をかけて煮込んだものを煮凝りのように固めたものが「しまたろう」（写真⑤）だ。

食べるものが不足していた時代になんとか食べ物を確保しようとして作られたもので、別に大して美味しくないというひともいれば、とても美味しくて大好きだったと懐かしそうに語るひともいた。最年少で食べたことがあるのは1972年生まれの女性で、彼女は「大好きだった」と語っていたが、1950年代生まれのひとでも親は食べていたが、製造過程の匂いが本当に臭くて、「自分はよう食べれんかった」と答えるひともいた。

皮なめしの余剰物でできたこの「しまたろう」に関しては、調理するひとは女性たちに限らず、

⑤しまたろう

ムラのひとにお見せすると「これこれ！」と頷くひと、「もうちょっと分厚いサイコロみたいな形やったな」と懐かしむ声を上げるひともあれば、「食べたことも見たこともない」と答えるひともいた。
提供：某県の部落解放同盟連合会（2006年11月17日撮影）

男性たちも関わっていた。そして、主に食べていたひとは皮なめしをする世帯やそれらの世帯に雇われていたひと、これらの工場と付き合いのあったひとたちで、付き合いがない場合には同じムラで生活していてもまったく知らない場合もあった。

川や海とのつながり

西日本では基本的に牛肉が食べられてきたといわれるが、豚肉や鶏肉が一般地区に流通しても、このムラではほとんど食べられていなかったそうで、ムラと牛肉の深い結びつきを感じさせる。しかし当たり前だが、牛肉料理以外の豊かな食の営みも育まれていた。

1952年生まれの二人の女性は、仕事が落ち着いて煮炊きの時間がゆっくりとれる休みの日には、母親が菜っ葉と小芋と薄切りにしたこんにゃくの煮物、なすびとエビの煮物、エビで出汁をとったそうめんのつゆなどを作ってくれたことを懐かしそうに語ってくれた。ムラの隣には川が流れており、10キロほど南にいけば、海にでる。こうした生活環境が育んだ食文化と部落の食文化が影響しあいながら、このムラの食文化は形成されてきた。

先述の「しまたろう」にしても、川のバクテリアで皮の毛を分解していたからこそ、生み出された料理であることも、川との強い結びつきを裏付ける。そこで、川から食料を得ることはなかったのかと尋ねてみた。すると、カメ、スッポン、ウナギ、ナマズ、カニといった想像した以上の答えがあった。インタビューしたなかで最も若い1972年生の女性は、父親がじゃこ（小魚）を取りにいっていたことや、皮なめしをしていた川と同じ川でカニをとっていたことを教えてくれた。カニのなかでも、この川ガニが一番美味しいカニだという。

工業用水に汚染される1960年代以前の暮らしのなかでは、川は皮なめしの場であると同時に子どもたちの遊び場であり、食料確保の場でもあった。暮らしと川は、深く結びついていた。部落民たちは生業として扱っていた牛肉のみならず、その皮なめしの技術を育んできた豊かな川の資源から日常の糧を得ていた。そしてその食材の調達には女性のみならず、子どもや男性たちも関わっていた。皮革産業ばかりが注目されるが、産業化のなかで得られたもの、失われたものがある。

おわりに――食の記憶がフェミニズムへ問いかけるもの

本章は、あるムラの食の記憶から、当時の暮らしぶり、その主な提供者であった部落女性の姿を捉えようとしてきた。地域の自然資源をうまく生かした料理がある一方で、部落のネットワークを生かし調達可能だったホルモンなどの肉類をうまく利用した食べ物が編み出され、食べ継がれてきたことがわかった。当時、あまり需要がなかったホルモンなどを生かした料理は、貧困のなかで栄養を得る先人たちの知恵の食でもあったのだろう。しかし、伝統的な皮なめしの技術が継承されず、工業化で、「しまたろう」はもはや入手することができない幻の料理になってしまった。慶弔に欠かせない料理であったホルモンの白和えも失われようとしている料理の一つだ。生活とともに食の嗜好も変わるし、ムラと個々のイエの関係も変化しつつある。さらに、近年はホルモンやあぶらかすが一般地区に普及するなかで需要も高まり、高価になってしまったことで食べる回数も減少している。かつての食卓の風景と現在の風景は大きく変わった。それでも、あぶらかすのすき焼きは多くの家庭で愛される料理として食べ継がれている。

冒頭で述べたわたしの祖母が作り置きしてくれたカレーやおでんのことを話すと、多くのひとが母親や自分もそうだったと頷いてくれた。この話をしても、同級生はあまりピンときてくれないのだが、その頷き方にわたしはどこか共通点を感じ、謎がとけたような気持ちになる。これまで反差別運動の参加者がそれぞれの経験を語る場面に出会ったことはある。しかし、今回の聞き取りは、部落解放運動の場として行われたものではなかったし、語ってくれた女性のたいていは、部落解放運動とほぼ関わりのないひとたちだった。にもかかわらず、語られた言葉には、その過酷だった生活、社会から向けられてきた眼差しが、皮なめしのムラという共通の記憶に基づいて浮かび上がっていた。語りを聴きながら、いま自分が声を聞かせてもらっている場所が、差別のなかで生き延びてきたムラであることを改めて突きつけられた。自分の家族以外の部落出身者と同じ地域で生活をしたことがないわたしの知ることがなかった世界が広がっていた。それを知るたびに、わたしが部落民として感じてきた「欠落」は少しずつ埋まっていく。同じではないが、近しい立場の女性たちの語りを聴くことによって、わたしの祖母をはじめとした家族の経験が想起され、相互に参照され、差異と共通性が見出されていく。そのことが部落女性の実像をより精緻にし、集団が抱えてきた経験を明瞭化する。ぼやけていた部落の食の輪郭が露わになる。厳しい労働と差別のなかで食べ継いできた先達たちの経験を聴き、その生き抜く力を知ることで、差別に屈さない「ふんばる力」を得ることができるのだ。

そして、この文章を書くなかで、わたしは祖母が母のテールスープを好んでいたことを前よりも肯定的に受け止められるようになった。被差別部落での暮らしのなかで祖母はテール肉を見知っていたと確信したからだ。食べ慣れない食事のなかに、馴染みのあるものをみつけるのは、異文化の食と対峙したときにひとがとる行動である。わたしの母がつくった朝鮮料理のなかで祖母がみつけた食べられる食材が、部落民が厳しい生活のなかで食べ継いでいたテール肉だったとすれば、そこにはマジョリティによる一方的な文化の選別ではなくて、異なる被差別集団の間に生まれる共感と繋がり合いの可能性があったのではないか。

自分はどんな料理を食べてきたのか、その料理に使われている食材はどのように調達され、誰によって調理されるのか。その片付けは誰が行うのか。そうした議論はすすみつつある。しかし、そこにマイノリティ女性たちの経験は映し出されているだろうか。単なる食文化を超えて、食をめぐる一連の過程や労働、経済の動きを見定めるところから、ようやく部落女性をはじめ、様々な立場に生きる女性たちの困難を解消することが始まるのだと思う。

謝辞：協力していただいたすべての方にこの場を借りて感謝申し上げます。このムラに関しては、いくつかの歴史資料がありますが、近年のインターネットによる地域名の暴露が頻発しており、地名が記載されたそれらの資料を直接引用することはせず、語りをもとに執筆しました。先人たちの生活・運動の蓄積を不可視化しようとする差別者たちへの怒りもここに表明したいと思います。

1 アメリカ社会における家事労働とテクノロジーの関係性について論じたコーワンは、女性たちがケア労働を担っている理由は、資本主義社会への移行といった理由のみならず、女性たち自身が選択の余地さえあれば家族生活と自治を維持することを自ら決定したことも理由であったと、女性とケア労働の複雑な結びつきを指摘している（コーワン　2024：159）。

2 塩谷（2007）に詳しい。

3 部落女性が経験したような差別や周縁化と排除は、朝鮮人・アイヌの出自をもつひと・沖縄・琉球の女性などのマイノリティ女性たちもそれぞれのおかれた立場のなかで集団的に経験した。朝鮮人女性の固有の困難については宋（2009）や金（2011）、鄭（2003）が、アイヌに出自をもつ女性については石原（2024）が、沖縄出身の女性については玉城（2022）などが、植民地主義に起因するレイシズムと性差別の交差性について論じてきた。

4 同じような出自の背景をもつひとのなかには、母方の祭祀に参加したことがあるひともいるだろうし、「純血」であったとしても、もう家での祭祀を行っていないということもある。「混血」だから必ず祭祀を経験しないというわけでもない。ここでは出自によってどのような経験が現れやすいのかを述べようとしている。

5 地域差はあるが、敗戦後の農地改革によって部落民も田畑の所有が可能となった。その後、農地を所有できたのかについてはわからないが、祖母の部落民としての経験が語られている部分なのでそのままにしている。

6 結婚までのエピソードは生前の祖母の聞き取りをもとに執筆（インタビューは2014年6月6日、祖母が89歳のときに実施）。

7 父が覚えている祖母の料理は、ポテトサラダ・カレー・まめじゃこである（まめじゃこは被差別部落特有の食文化ではなく、この地域の郷土料理のひとつ。川魚と大豆を用いる。わたしは食べたことがないが石地さん（第4章）は食べたことがあるそうだ）。伯母は、田作り、肉じゃが、タケノコ・らっきょ・山菜類の常備菜、そしてカレー（ルーは、エスビーのカレー粉と指定）と記憶しており、カレーのみ共通していた。さらに、伯母の娘（いとこ）にきいたところ、ポテトサラダ・ようかん・プリン・おからの煮物・ひじきの煮物・わかめと胡瓜の酢の物で、ポテトサラダのみ共通。娘の婚家では、祖母はやや手の込んだものを調理していたようだ。同じ祖母の料理でも、それぞれが記憶するものは異なっており、食の記憶の多様さ、それゆえに共通性を見出すことの困難も浮かび上がる。

8 肉や魚の煮汁を固めたもの。牛のすじ肉やアキレスを固めたものがよく知られているが、魚の煮凝りを食べる地域もある。本書の執筆者のうち、藤岡さん（第1章）・福岡さん（第3章）・のぴこさん（第5章）の出身地では、魚を用いた煮凝りが食べられていた。熊本さん（編者・第9章）の出身地ではいずれも食べられていない。

9 牛の腸を揚げたもの。わたしと同様、熊本さん（編者・第9章）、藤岡さん（第1章）、福岡さん（第3章）は、出身地で食べたことはなかったそうだ。次の注のさいぼしも同様である。

10 馬肉の赤身を塩漬けにして、乾物にしたもの。宮前さん（第2章）の出身地では、牛肉も乾物にして同様に食べていたそうだ。

11 インタビューは、2024年1月28日から6月22日の間に実施した。

12 加えて、2024年6月22日、9月22日に自治会の婦人部主催の喫茶会に参加し、集まった住民にも話を伺った。さらに9月3日に地域のセンターで6人の女性たちともおしゃべり会を実施（インタビューをしたひとはそのうち2人）、9月4日には4人の婦人部の女性に地域の代表的な料理をつくってもらう会を催し、調達方法や調理方法について教えてもらった。写真①、②はそのときのものである。写真③はおしゃべり会の参加者があとから提供してくれた料理の写真である。

13 部落女性の主体性形成について明らかにした熊本は、部落女性の「個々の主体を個々の主体として成立させている共同性があり、その共同性に向けて個々の主体が生きるというのもまた、個人と社会の関係性の重要な一面だと考える」(熊本　2020:15)と指摘している。本章もこの共同性と個々の主体を食という視点から捉えなおしたい。

14　宮前さん(第2章)、川﨑さん(第8章)、のぴこさん(第5章)の家でも、あぶらかすと水菜、大根のすき焼きを食べていた。坂東さん(第7章)の出身地ではあぶらかすを食べていたが、鍋にしたことはないらしい。

15　宮前さん(第2章)・川﨑さん(第8章)の家でも煮込んだテールスープを塩と少しの醬油で味付けして食べた。川﨑さんの家では大人たちは胡椒をふって食べていたらしい。

16　鳥取県のある部落出身の女性に伺ったところ、彼女も年末にはテールを炊くとのことだった(2024年3月)。

17　茶葉はハブ茶やほうじ茶であることが多いようだ。ムラの女性に食べさせてもらった茶粥はさつまいもが入っていて、やわらかな甘味がして美味しかった(2024年9月4日)。

18　ムラの外の近所にある古い商店街も当然利用されていた。金銭をやりとりする際に、ザルなどを通して間接的に受取りが行われ、ときには受け取ったお金を洗おうとする店主もいた。1920年代・30年代に生まれた世代(私の祖父母と同世代)が経験したことで、そのようなあからさまな差別は現在聞かれなくなったが、差別経験は語り継がれており、複数の人が語ってくれた。買い物ひとつするにも差別がまとわりついていたひとびとにとって、ムラの食品店や食堂はただ便利なだけでなく、心安いものであったろう。

19　「外食率と食の外部化率の推移」日本フードサービス協会　http://www.anan-zaidan.or.jp/data/index.html (2024年9月29日アクセス)

20　この黒豆入りの煮しめは、宮前さん(第2章)出身のムラでも食べられていたそうだ。

21　徳島県のあるムラでも、同じようなセンマイ入りの白和えが食べられている(角岡　2010:53)。

石原真衣「先住民フェミニズム批評」石原真衣・村上靖彦『アイヌがまなざす　痛みの声を聴くとき』（岩波書店、2024年）168‐201頁
角岡伸彦『ホルモン奉行』（新潮文庫、2010年）
金富子『継続する植民地主義とジェンダー　「国民」概念・女性の身体・記憶と責任』（世織書房、2011年）
熊本理抄『被差別部落女性の主体性形成に関する研究』（解放出版社、2020年）
鄭暎恵『〈民が代〉斉唱　アイデンティティ・国民国家・ジェンダー』岩波書店、2003年）
小早川明良『被差別部落の真実』（モナド新書、2018年）
塩谷幸子「部落女性の現状と課題　教育・労働・生活を中心として」部落解放・人権研究所編『「職業と世系に基づく差別」の撤廃に向けて　女性の視点より』（解放出版社、2007年）95‐110頁
宋連玉『脱帝国のフェミニズムを求めて　朝鮮女性と植民地主義』（有志舎、2009年）
玉城福子『沖縄とセクシュアリティの社会学　ポストコロニアル・フェミニズムから問い直す沖縄戦・米軍基地・観光』（人文書院、2022年）
ルース・シュウォーツ・コーワン『お母さんは忙しくなるばかり（新装版）』（法政大学出版局、2024年）

第7章　地域・コミュニティにとって「当事者」とは誰か？

坂東希

はじめに

私には深く関わる「部落」が二つある。和歌山市内の部落と大阪府の北芝[1]である。前者は生まれ育ったところであり、後者は大阪に住みはじめてから出会った地域である。北芝は、まちづくりやその過程に部落内外の若者を多く巻き込んできた地域としても知られる。[2]「あそこには行ったらあかん」と忌避されてきた被差別部落に、多様な背景・関心を持つ人が集う。これは「北芝」の一つの特徴とも言われるが、私が生まれた1970年代当時にも、「部落」を訪れ、通い、ついには住民となる若者が一定数いた。私の母も父も「外」から入った若者だった。これまで出会ってきた「部落に移り住む若者」は、時代は違えど、その時々の社会や規範、既存の枠組みに何かしらの違和感や矛盾を感じ、別のあり方、生き方を模索している人が多い。彼らは何に引き寄せられ「部落」に居ついたのだろうか。また、多様な立場や背景、経験や考えを持つ人が地域でともに暮らし、コミュニティの一員としてまちづくりや運動に携わる時、どのような作用と葛藤が生じうるのだろうか。両親が部落に移り住んだ背景と経過に加え、私が育った環境、地域のなかでの個人的な体験を振り返ることで考えてみたい。

1　部落に移り住んだ両親のこと

私は1978年に和歌山市内にある被差別部落に生まれ、高校を卒業するまでを過ごした。両親はこの地域の出身ではなかったが、父も母も20代の頃に部落解放運動と出会い、この地区に移り住んだ。移り住んだ当時の父は医学生だった。大学に入った当初はノンポリで精神科医を目指していたが、大学で教えられる精神科医療に幻滅したとかで、ふらふらしていたらしい。大学内にあった立て看板に目が行き、学生運動に参加するようになるが、その過程で、部落出身の活動家と出会う。医療従事者向けに行なった講演で父は当時をこう振り返っている。

大学2年生から学生運動に参加しました。学生運動もすぐ下火になり挫折の中で労働組合運動、部落解放運動に関わりました。医師になる道は捨てたつもりでいたのでほとんど授業にも出ず活動をしておりました。しかし、諸々の事情で年月はかかりましたが医師になってしまいました。私の職業活動家になる道は、挫折したわけです。[3]

学生運動に没頭するあまり親から勘当され仕送りを止められた当時20代の父は、医学から遠ざかり、学生運動からも徐々に離れ、解放運動とバイトに明け暮れていた。そんな父に、医師になるよう背中を押したのは地域の人たちだった。

部落に医者がおらんのやから、だから（医師）免許取らなあかんっていうことをよう言われたな。……だけど勉強せえっていうんじゃなくて、その酒飲ましたる、めし食わしたるからちゃんとしなー、みたいなところがあって。と思う[4]。

空き家になっていた一軒家に住まわせてもらい、その家には台所もなく、金もなかったが、地域には食べさせてくれる食卓がいくつもあったという。

だからごはんはわっちゃんのとこか、つとやんのとこか、せっちゃんのとこか、みさちゃんのとこかで「今晩のおかず何？」って順番に聞いていって、わっちゃんのとこのカレーって甘いからあんまり好きじゃなくて、「カレー」って言われたら「また来るわ」って言って。……4軒のなかから一番おいしそうなとこに行くということをずーっとしてた。だけどあの頃ってほんまにみんなやっぱりすごく生活厳しかったから。道を歩いてたら「めし食ったか」って言うのがやっぱり挨拶だった。で、「まだ」って言ったら「上がれ上がれ、食ってけ」って。お茶漬けしかなくても。まず「めし食ったか」っていうのが合言葉やったな[5]。

一方、母は、和歌山市からは遠く離れた山奥にある水の澄んだ川と山に囲まれた村で生まれ、高校卒業後に和歌山市内に出てきた。高卒後から看護師見習いとして看護学校に通いながら病院に勤務したが、当時働いていた病院は問題だらけで、患者の安全も看護師の労働環境も守られておらず、組合を立ち上げるべく若い看護師見習いで集まり勉強会をした。

何もない、ただ静かなだけの田舎で育った私にとっては、A病院での組合運動は、とてつもない出来事でした。病気の人を治す医者である院長に、たてつけるはずがなく、又、看護婦とは自分がどんなにしんどくても、病める人を助けなくてはいけないものと、ずっと思ってきました。でもそうではないのです。自分が働いてみてはじめてわかったのです。たとえ病院長であっても自分の思うままに人を使うことはできないはずです。そして、どんなりっぱな看護婦でも、二日もぶっ続けで仕事をすれば倒れてしまいます。病気の人を助けるどころではありません。注射の針が二重、三重に見えるのは、一度や二度ではないのです。病院長という絶対的権力で、労働者を支配するのです。そうすることによって、病院はどんどん大きくなってゆき、反面、働く者はどんどんやめていき、入れかわるのです。入れかわれば、病院は得をするのです。つまり新しく入ってくる人は安い賃金で雇える。（中略）ほってお くと、いつまでも弱い立場の労働者が、強い立場の資本家に負けるだけだという結論の下に、8名の看護学生で、組合を結成したのです。[6]

これは後に母が通う識字学級の文集に寄せた作文の抜粋である。19歳で労働組合を立ち上げるものの、それぞれの親から「病院長にたてつくなんて」と連れ戻されたり、「患者のほっぺたをつねった」などのやってもいないことのデマを流され組合を潰されそうになるなど、苦境が続いた。

女のくせに組合運動なんかできるはずがないとか、「聖職」である看護婦が組合なんか……等の中傷や偏見に負けてはいけないと、私達も必死でがんばりました。その結果、病院は改善され、一切の不当な行為はしないという協定書をかわすことができ、いろんな問題を残しながらも、一ツ一ツ勝ちとっていきました。今までは、何一ツ患者さんの訴えをきくこともできず、ただ決まった仕事をするだけの私が、患者さんの訴えをきけるようになったときは、本当にうれしかったです。本当に看護婦になった気がしました。[7]

患者の人権や自分たち労働者の権利を守ろうとする取り組みのなかで、さまざまな人に支えられ、部落解放運動とも出会う。母は後に「この病院に就職したことによって解放運動と出会うことができ」「今の自分があるのもこの病院に就職したからだと確信している」と振り返っている。[8]当時、「解放医療」という考え方を実践しようとしていた医学生で、すでにこの地域に住んでいた父と出会い、母も同地区に移り住んだ。病院で勤務した後は、１９８０年頃に同和対策事業[9]の一環で設置された診療所で看護師として勤務する。父も市内の病院に勤めながら、医大からの派遣医師として、多い時期は週3日ほど診療所で働いていた。

僻地医療や無医地区の問題は戦後当初から社会課題として実態調査などがなされていたものの、被差別部落における医療アクセスの問題は未着手であった。和歌山県立医科大学で起きた差別事件をきっかけに１９７０年代後半に実施された「医療実態調査」では、「平均余命が5年短い」「栄養の偏り」「有病率が高い」という実態や、医療機関の受診率が極めて低い結果が明らかにされた。[10]

受診時に書かなければならない問診票に自分の名前と住所を書くことができないという非識字の問題が大きかったこと、平日に仕事を休んで医療機関に行くことにより収入減を招くことも受診の壁となっていたこと、自覚症状が出て病院で診てもらった時には手遅れだったという話もよく聞いた。こうした課題は、他の被差別部落でも顕在化しており、地元の活動家らは当時すでに設置・運営されていた大阪府松原市の診療所を視察し、地元での診療所のあり方を模索した。毎月1回、日曜に無料の健康診断を実施し、平日に仕事を休めない住民も非正規で検診を受ける機会がない人も受診できるようにした。私の実家に来て不調や心配事を呟く人もいて、それを両親のどちらかが聞いているのも見慣れた光景だった。晩酌中の父が聴診器を当てているのを心許《こころもと》ない気持ちで見ていたことも覚えている。

2　私が暮らしたコミュニティ

イメージを共有するために自作のマップを示す。この地域には児童館、福祉館、文化会館（隣保館）、診療所、保育所などがあり、これらは同和対策事業で設置されたものである。保育所だけは少し離れたところにあるが、私はここに生後5ヶ月頃から卒園まで通った。

部落における保育所づくり運動は、1950年代から各地で展開された。部落女性が主体となって行った保育所づくり運動は、主に1960年代から1970年代にかけて各地で広がり、部落の女性たちは、自分たちの労働状況の現実を反映した保育の必要性を訴え、子どもたちの発達・教育権を保障するために尽力した。単なる保育所の設置にとどまらず、行政との交渉を通じ

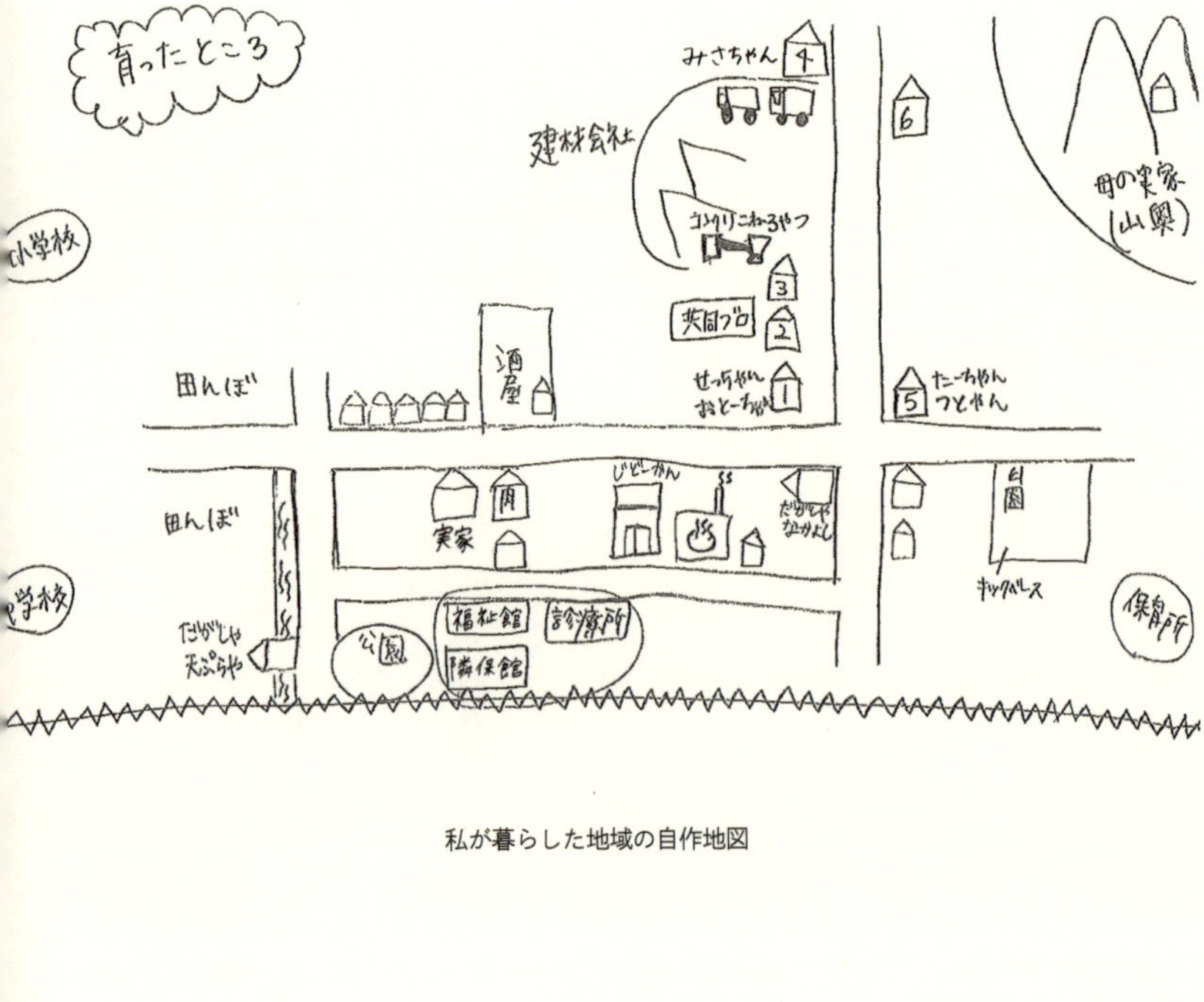

私が暮らした地域の自作地図

て実際に政策に影響を与える活動へと発展したこと、部落女性だけでなく保育労働者の過重労働などの労働権保障も含め、部落外の女性との協働へと発展したこと、などが記録されている。[11] 私の地元でも、地域における乳幼児の発達権、親の労働権を保障する観点を持つ解放（同和）保育所として1974年に建設された。

保育所の送迎は、朝は親、帰りは地域のおっちゃんである、つとやん（マップの5）だった。夕方、つとやんの愛車で送り届けてもらうと、私はせっちゃんの家（マップの1）で過ごした。小学校低学年まではここが帰宅先だった。せっちゃんの連れ合いは建材会社を営んでおり、この2人が両親の「仲人」だった。晩ごはんとお風呂を済ませた頃に親のどちらかが迎えに来て、「帰って寝るだけ」の状態で帰宅する。夜遅くまで仕事と活動をしていた親にとっては大きな支えだったはずだ。

3　みさちゃんと識字学級

せっちゃん宅の数軒隣に住む、みさちゃん家（マップの4）には特に妹が出入りし、お世話になっていた。料理が上手でよくおすそ分けもしてくれたが、なかでもちらし寿司は絶品だった。みさちゃんは、私たちが通う保育所の調理員として働いていたが、その資格は40代になってから取得している。識字学級で文字の読み書きを学び資格を取った話も含め、体験を語って聞かせてくれる一人でもあった。彼女が識字学級で書いた詩も折に触れて何度も読んだ。みさちゃんとは、長らく会っていなかったが、2023年の夏に久しぶりに再会した。私たちがごはんを食べさせ

字

私は「字」が
大きらいやった
気の強い私でも
「字」で
いつも恥かいた
名前を書けと言われると
顔から火が出た
手もふるえた
三十年もの間
恥かいた
今私たちに
すてきな先生が
お前の事を教えてくれる
お前の事を一字でも
早く知って
使ってやる

五月六日

みさちゃんの詩「字」（文集「あけぼの」より）

てもらっていた家は当時とほぼ変わっていなかったが、連れ合いは他界し、妹が気に入っていたマッサージチェアはなくなっていた。この日を入れて3回ほど家にお邪魔して、話を聞かせてもらっている。

今年90歳になるみさちゃんは、この地域で識字学級を始めた女性の一人である。弟は夜間高校を出て京都の大学へ進学し、京都市で勤めていた。その弟から京都市内の部落で識字学級を立ち上げたことが伝わり、地元の女性たちとともにバスで見学に行った。字を学び、働きに出るようになった女性たちの姿に刺激を受け、地元でも識字学級を立ち上げる。その当時、みさちゃんは土方仕事をしていた連れ合いの手伝いで、「砂はらい」をしていたが、それに対する給料は支払われていなかった。「『月給ないで』と。こんな言い方されて……。このままではあかんと思った」。

部落の人は仕事せんと言う人がいる。そんなのうそや、私だって仕事がなかった。したくてもなかった。今保育所で仕事をしている。字が書けなかったときは、男と同じ仕事もした。でも、だれも、仕事とはみていない。学歴がない、それだけで仕事がなかった。字が書けないだけで仕事がなかった。もし解放運動の中に識字がなかったら、私は仕事につけていない。(中略)給食の発注から食事の状況まで識字で学んだことが役立っている。職員の誰も知らないことだ。今まで親をうらみ部落をうらんでいた。でも、識字のおかげでそのことが差別だと知り解放運動を続け識字との出合いがなかったら差別をされるままになっていただろう。[12]

識字学級を立ち上げるとき、一緒にやろうと誘った女性たちのなかには、反対意見もあった。

「私らは女学校を出たから」「そんなんやらへんよ」と言われたこともあったし、「恥を晒したくない」と躊躇して来なかった人、家族から反対されて来られなかった人もいたという。識字学級では、読み書きを学ぶだけでなく、絵画や切り絵などの製作、詩の作成や朗読、作文など多彩な表現活動があった。それらの一部は今もみさちゃんの部屋に飾られてある。識字学級はそれぞれの人生について語り合う場となっていたが、字を教える役割として派遣された学校教員にとっても識字に集う女性たちの語りや作文から学ぶ機会となり、自らも語り、自身のこれまでの立ち位置を問う機会となっていたことも聞かれた。識字学級には部落出身ではない女性も参加しており、母もそのうちの一人であった。毎週金曜の夜は隣保館（マップ）で開かれていた識字学級に子を連れて通い、隣に座る彼女らから差別の「実態」を学んだ。嘲笑や見下し、貧困や苦境を乗り切るための知恵、それらの出来事を通して飲み込んできた怒りや悲しみを、涙も笑いも交えて語る姿は20代の母にとって衝撃だったという。看護師見習いとして労働組合を組織化するなかで人権や権利について学び、部落解放運動と出会い、部落に住み、住民として解放運動の一端を担い、差別の歴史や実態を知らなかったことに愕然としながらも、自分が変わっていく喜びも感じていたのではないかと思う。

婦人部の識字学級に入ってからは、いろんな事を学びました。部落差別は、自分自身の闘いであるということをまず学びました。そして差別を絶対許してはいけない。そして、何が差別なのか、見抜く力をやしなう事、この事を身をもっておしえてくれました。[13]

識字に関わる関係者それぞれの体験が文集「あけぼの」に綴られている。みさちゃんの自宅で識字の話を聞いていたら、「そこに文集入ってるから持って帰って」とテレビ台から出てきたのが「あけぼの」の第3号だった。端っこが擦り切れてやや変色した文集をめくりつつ「識字で一番楽しかったことは？」と尋ねてみた。

……ほんでも識字やって、あんたのお母さんらと出会って、「今日は行こか」言うて飲みにいったこと。……アロチ（市内の繁華街）とかまで行ったこともあったよ。楽しかった。……やっぱり自分で稼いだお金でというのもあったかな。

識字をやる前までは世間を知らん。世間に出たらあかんというのが染みついてる。（あかんて言われてたん？）誰かに言われたんかな。言葉では言われてないかもしれやんけど。あっちのもん、こっちのもん、頭に染み付いてた。識字に行く前やったら、知らん人とはよう喋らんかったやろな。運動で、外に出て、いろんな人と出会って。

同窓会も楽しかった。どれだけ行ったかもようわからんのに、「小学校の同窓会しよう」と言ってくれた人がおってね。最初は近くの30人ほどで集まってた。年に2回くらい集まって。（そしたらなんと）よその人も来たんよ。会館[14]借りて、鍋で大根炊いてね……。あれは楽しかった。[15]

識字を通して部落の内と外へとつながる。閉じていたところから外へと自分を開いていく過程としての解放でもある。みさちゃんは識字や運動によって、人から向けられていたまなざしを脱ぎ捨てようとし、自分で自身に向けていたまなざしをも変えていく。そのことを、語りで、詩で、作文で、生きる姿で、示してくれている。

4　安全基地と学びの場としてのコミュニティ

みさちゃんから言われる「勉強は大事」という言葉には重みがあった。問診票に自分の住所すら書けないのが辛くて恥ずかしくて病院に足が向かなかったこと、子どもが学校から持ち帰る連絡帳やプリントに書いてある内容が理解できなくて子どもに辛い思いをさせたこと、幼い頃に姉と新潟の闇市まで米を買いに行ったが大変な目に遭ったこと、その時の姉はとても頼もしく見えたこと、読み書きができるようになって見える世界が変わったことなど、識字学級に通う女性たちの話は、子どもらにも隠さず語られていたし触れる機会があった。一方、地域がリアルタイムで直面する傷つきや痛み、悲しみや憤りは、あまり子どもに聞かせないように大人たちは気をつけていたのかもしれない。しかし、その異様な様子から「何かがあった」ことを察してしまうこともあった。こうして振り返ると、生活や暮らしのなかで起きること、見聞きすることは時々の自分の選択に影響を与えてきたと感じる。明示的な形ではないかもしれないが、身体のどこかにいつの間にか溜まっていて、何をやりたいのか、どこへ行くのか、自分でも気づかぬうちに後押しされてきたと感じている。

そして、自分が幼い頃に、親や他の大人、若者が地域の人に助けられているのを見聞きして育ったことと、何かあったら助けてくれる大人が地域にいることを体得していたことは、自分にとって現在にも続く資源である。自分が暮らしてきたコミュニティは私にとっての安全基地となってきた。いつか自分も差別に遭うかもしれない、身近な人に何か辛いことが起きてしまうかもしれないと内心怯えていても、そんなことが起きたらきっと誰かが一緒に怒ってくれる、話を聞いてくれるという信念のようなものを持てていたのはコミュニティから与えられた財産だと思う。この安全基地としてのコミュニティを部落の人たちは意図的に育ててきたのだと思う。

安全基地とは、子どもが不安や危機を感じた時に、ここに戻ってくれば大丈夫という感覚を持てる安全な避難場所のようなものであり、発達心理学のアタッチメント理論において人間の発達上、重要な概念とされている。恐怖や不安などの経験をした時に特定の大人にくっつくことで不快な感情がなだめられるという経験の蓄積によって、その大人が目の前にいなくても、自分のなかに安全基地を持つことができ、外の世界への探索が可能になる。私はこの考え方について大学院で知ったが、親や養育者だけではなく、子どもにとっての避難場所となるような関係性を地域のなかに育もうとしてきた実践、保育士が健やかに働けるように労働環境の改善を訴えつつ、子どもや家庭の状況などをともに学ぼうとした実践の意義を改めて知ることになった。

5 「部落出身者」とは

述べてきた通り、私は部落に生まれ育ち、部落内の保育所や解放子ども会[16]に通い、ムラの子として「差別に負けないように」育てられ、解放運動と地域住民が育んできたコミュニティや社会資源の恩恵を存分に享受してきた。物心つく前から、識字学級や集会に連れられていたこともあり、いつ「部落」という言葉と出会ったのかは特定できない。私の地元では、部落のことを「ムラ」と言い、部落出身者のことを「在所の人」や「ムラの人」、それ以外の人のことを「一般の人」と表現していたが、自分が「一般」には属していないことは早い段階で認識していたと思う。地域を超えた行事や集会では、ことあるごとに「〇〇支部の」という冠をつけて自己紹介をしていたこともあって、「部落で生まれて育った」という感覚はあったものの、思春期以降、徐々に「被差別部落出身者」としては何かが「欠落」しているような感覚を持つようにもなる。それは主には識字や集会で見聞きするようなほどの被差別の体験が自分にはないこと、奨学金を使える立場になかったことなどいくつかの他のみんなとの共通体験がないことから来るものであったように思う。祖父母を含む父母両方の親戚が部落に住んでおらず、解放運動に関わっていないことに気づいたことも影響している。「もしかしたら部落出身者とは言えないのかもしれない」とこれまでの自分が揺らぐような感覚も覚えたが、その動揺や戸惑いは口にはせずやり過ごした。

高校入学後は北米に留学する。中学の途中から通訳の仕事に憧れ、留学したいと親に言い続けた。条件であった高校入学をクリアした後、地元の青年部の人たちにアメリカの高校に行くことを伝えた。いつも通り、ごはんを食べにきていたのか、報告するために来てもらったのかは覚えていないが、緊張の瞬間だったと思う。厳しいことを言われるかもしれないとは予想していたが、「ここ（地元）を捨てるんか」「裏切り者」「二度と帰ってくるな」という予想を超える一撃を喰らった。どう反応したかは覚えていない。自分が浅はかだったという思いもよぎったが、アメリカ行きをやめることは考えられず、予定通り出発した。1年後に帰国し、1年遅れで高校を卒業し東京の大学に進学した。地元は、行動範囲が広がっていく自分にとっての安全基地であり続けたが、同時に、息苦しさを感じる窮屈な存在ともなっていた。東京に出たのは偶然でもあったが、地元から物理的に離れたのをきっかけに、「運動」からも離れて違うことをしたいと思っていたにもかかわらず、大学在学中に反差別国際運動[17]（IMADR）に出会い、インターンやバイトをしてしまう。この本の著者の藤岡さんや熊本さんと出会ったのもこの時だった。

大学卒業後はIMADRに就職した。団体名のメッセージ性が強いからか、IMADRで働くことを選択した理由をよく尋ねられた。「国際団体で働くことに関心があった」と表面的に済まそうとしても、「なぜ反差別？」とさらに尋ねられる。部落で育ったことを説明に含めると、「被差別部落って？　今もあるの？」と質問され、説明に時間を要することもあった。「両親が部落外から移り住んだ」ことを説明に加えるかも迷った。というのもIMADRで働き始めた少し後に、「彼女は部落出身という話だったが本当は部落民ではなかった（あれは嘘だった）」との噂が耳に入ってきた。部落の「中」の人から嘘だったと思われたことに対して、当初はなんだかすみませんという気持ちになり、その後はしばらく、「部落で生まれ育ったが両親は部落外から移り住んだ」と意識的に説明していた。すると今度は「自分は部落出身者ではないと言いたいんだ」と指摘された。他にも、第三者が私を人に紹介する際、「彼女は部落で育っているけど部落民ではない」と説明されたりもした。誰かに「あなたは部落出身ということを選び取ったんだね」と言われたこともあった。

ある実態調査では、「世間ではどのようなことで同和地区出身者と判断していると思うか」という質問に対する回答の一位が、「本人が現在、同和地区に住んでいる」（362人、41・4％）であり、ついで「本人が過去に同和地区に住んでいたことがある」（168人、19・2％）であった。[18] 私が部落出身者ではないと言われる背景には「血縁」が重視されていると感じていたが、この結果では「地縁」つまり部落に住んでいるか（過去に住んでいたか）どうかが重視されている。誰が誰をどんな理由で部落出身者または部落民とみなすのか。この理由や基準が曖昧で流動的でよくわからない。そして、本人ではなく第三者が勝手な基準で判断し、避けたり、暴いたりするということも起きている。この特徴は、部落差別や解放運動の「当事者」が誰なのかを考えることとどう関係しているのだろうか。

当事者運動としての解放運動やコミュニティづくりを進める上でどんな葛藤が起きるかということについて、もう少し記憶を辿る。

6 「あんたにはわからへん」

5歳になった頃、当時住んでいたところから一軒家（マップの実家）に引っ越した。家は地域の人が集まって飲み食いしやすいように、1階はリビングと台所のみで、風呂や寝室はすべて2階に配置されていた。父が設計し、地元の大工が建てたこの家には、ほぼ毎日のように誰かが出入りした。私もきょうだいも瓶ビールを冷蔵庫に補充することが日々のルーティンとなっていたし、人が来たら、ビールとグラス、乾きもんのつまみを出すのが自然な動作となっていた。識字や子ども会、会議や祭りの後には人が流れ込んできたし、夕食時には誰かしらいるのが見慣れた光景だった。時に激しい口論になることもあった。大きな声や机を叩く音に目が覚め、2階の子ども部屋からリビングへ降り、うるさい渦中にわけ入り、横になって寝ることもあった。そんな時だったかもしれない。前後の文脈は覚えていないが、識字に通う部落出身女性と母との議論がどうやら白熱している。その時に聞こえた「あんたにはわからへん」というフレーズとその後の沈黙。その後どんなやりとりがあったのかは知らないが、何年も後になってから、この時のことをある報告記事で知った。毎年、「部落解放全国女性集会」という場が開かれているが、母も参加15年目に「私と部落解放」というタイトルで活動報告をしている。そのなかでこの時の体験について触れている。[19]

これまでの23年間、22歳から45歳まではほんとうに助けられることの方が多い私でしたが、悲しい思いをしたこともありました。それは、「ふまれた者のいたみはふまれたものにしかわからん、あんたには結局私らの気持ちはわからん」と言われたときです。部落差別というものをされたことのない私には、そう言われると正直言って返す言葉がなく、まだこんな風にしかみてくれていないのかと思うと悲しくてなさけない思いになりました。そして、そう言われると前にすすめなくなってしまいました。

「まだこんな風にしかみてくれていないのか」に負けず嫌いな性格が表れていて、ちょっと笑ってしまった。いったん立ち止まった母も、その後、「誰のためでもない自分の運動なんだから」と踏ん切りをつける。そして、「識字学級には休まずでかけます。字の書ける人も書けない人もいっしょに学ぶ識字でなければ差別はなくならないと思うから」と続けている。

7　「当事者」運動における葛藤

「あんたにはわからへん」という言葉は、部落に限らず、他の場面でも何度か出くわすことがあった。私が北芝で相談員として働いていた時、「ひきこもり」の相談で出会った若者から、「お前ら（相談員）にはわからへん」と強い感情をぶつけられたことがある。家から何年も外に出ていなかった彼の自宅に通い続けるなか、自室にも入れてくれ、以前よりは話ができるようになった頃だった。こう見ると、その人の痛みやその人が見ている世界をわかろうとする人に向けられる言葉のようにも思えてくる。

「あなたにはわからない」とわざわざ伝えるのは、何のためだろう。「痛みをわかちあっているもの同士」ではないことを再確認するためかもしれない。この言葉を発した側と向けられた側の立ち位置の違いを強調し、立ち位置が同じであるかのような振る舞いに抗う行為とも受け取れる。例えば、二者間で議論が白熱した時、一方（ここでの母）がただ意見を率直に伝えているだけと感じていても、他方（ここでの部落出身女性）にとっては何かが引っかかっている。その違和感を伝えようとしても伝わらない（うまく伝えられない）ともがいて発した言葉だった可能性もある。望むかどうかにかかわらず、誰もが社会構造の上に立っており、フラットな関係や対等な関係にはならないことにも気づかせてくれる。つまり個人の努力の問題ではない。「あなたにはわからない」という言葉は、そうした非対称な立ち位置を見過ごすのではなく、光を当てる問いかけである。

同時に、その後のコミュニケーションを遮断する言葉として機能してしまうこともある。「そう言われると正直言って返す言葉がなく」と母も話しているが、私も北芝でその言葉に出くわした時は咄嗟に言葉は出なかった。今回たまたま、母がこのメッセージを受け取った時の気持ちとその後の思いを知る機会を得た。しかし、言葉を発した方の気持ちは聞けていないままである。簡単には聞けないのかもしれないが、それでもその思いをどうにかして聞ければよかったと思う。その両方の気持ちや思いが差し出されて、立場や経験、見てきたものの違いがあることを確かめた上で、改めて意見のやり取りを続けることができれば、それまでとは異なる対話が可能になるのではないかと想像する。個人間で起きがちな対立や葛藤ではあるが、多様な立場の人が関わる「当事者運動」やコミュニティづくりのなかでは起こるべくして起きたものとも受け取れる。こうした対立や葛藤を単に個人間の問題にせず、コミュニティとして受け止め、何が起きているのかを紐解いていく作業ができるようなコミュニティを育んでいくことができれば、対立や葛藤と恐れすぎずに向き合える気がしてくる。

同じコミュニティでともに暮らし、地域の「住民」として解放運動を担い、共通体験が増えていく。そのことにより、遠い存在であった部落差別が身近なものとなり、自分の問題として認識していくようになる。自らの生き方をも問い返し、解き放たれていく。その過程で、「外」からは「部落に住んでいる人が出身者である」と差別される可能性も生じ、元から部落にいた人と、外から来た人との差異がより曖昧になり、構造的な立場の違いが見えにくくなる。「私たち女性部」や「支部としては」など主語も大きくなる。その時の「私たち」とは誰なのか。解放運動としてのまちづくりの担い手が多様化し、識字者と非識字者、「ムラの人」と「よそ者」、さまざまな非対称な関係を内包するコミュニティで協働する時、それぞれが異なる立場における「当事者」として解放運動を担う時、何を見過ごしてはいけないのだろうか。

8　コミュニティにおける葛藤を探究する

両親は、現在は母の実家がある山奥で暮らしている。母は診療所（マップ）を早期退職した後、少し前まですぐ近くの児童館（マップ）で働いていたが、父はその数段早くから和歌山市内を離れて山での生活を開始した。僻地医療の一端を担いながら、炭焼きや釣り、小屋造りや畑仕事に費やす時間が足りないとぼやいていたが、今年喜寿を迎え、その割合が逆転しつつある。まさに僻地と思うほどに遠く山深いところだが、時々、運動でかかわりのあった懐かしい顔ぶれが遊びにきてくれたとメッセージや写真が私の携帯に届く。以前のような白熱した議論が今もあるのかはわからない。私が帰省した時は、運動や社会問題の話をし始めると長くなる傾向があるが、帰省に付き合ってくれる北芝の友だちが相手をしてくれている。いつだったか、父がふと、部落の「中」に移り住むという判断が、果たしてよかったのか考えることがある、とつぶやいているのを聞いたことがある。部落問題と向き合うために部落のなかに入ったが、本当は部落の外にいながら部落問題と向き合う必要があったのではないかというニュアンスだったように思うが、どういう意味だったのだろう。

冒頭で触れた通り、「部落」に何らかの理由で引き寄せられ、居ついた若者がいた。70年代に被差別部落に入ってきた若者とそれを受け入れてきたコミュニティ、そのなかでの体験を振り返ったが、現在においても部落内外の若者を巻き込み続けている北芝で起きていることとどこか重なるところもある気がしている。

北芝は、住民を差別から守るために地域を閉じてきた時期があったが、その後、地域を開き「よそ者」を巻き込んだことで、地域に多様な他者が入ってきた。2001年にNPO法人暮らしづくりネットワーク北芝を立ち上げ、これまでかかわりのなかった人が出入りしやすいような風土を意図的に地域につくってきた。北芝への入り方は、70年代と比べて格段に多様化している。自身の関心のあるテーマと北芝が取り組んでいることに重なりを見出して入ってくる人もいるが、部落差別も社会問題もそれほど関心がなく、「なんか楽しそう」であるとか、「多様な世代の人と気軽に話せる」「やってみたいことができそう」などのきっかけで北芝と接点を持ち、かかわりを少しずつ深めていく。「おいしいものにつられて北芝に通っていたら働くことになっていた」とか「いつしか地域の住民になっていた」という風に。気軽で出入り自由な風土が影響してか、北芝で育った若者の出入りも多い。NPO法人立ち上げから20年以上が経ち、若者たちが長きに渡って地域にいることで、まちづくりや運動の「主体」となっている。今回は触れられなかったが、こうした多様な層が関わる北芝で起きている作用と葛藤について、まちを取り巻く環境が大きく変わるなか、もがきながら楽しみながらコミュニティづくりを続けている北芝での経験について、いつか言葉にできたらと思う。

1 大阪府箕面市に位置する被差別部落である北芝地区では、子ども・若者から老人まで幅広い年代がつながり合って、周辺地域も含めたまちづくり活動を展開してきた。
2 北芝まんだらくらぶ編著『であいがつながる人権のまちづくり 大阪・北芝まんだら物語』2011、明石書店
3 2022年父本人の講演記録から抜粋。
4 筆者によるインタビュー（2024年1月3日）。
5 同右
6 部落解放同盟●●婦人部識字学級「あけぼの」第3号（1989年）より。創刊号は1973年発行。
7 同右
8 部落解放第43回全国女性集会の分科会「女性の共同闘争と反差別・国際連帯」にて活動報告をした際の記録（『部落解放第43回全国女性集会報告書』1998年）より。
9 第8章参照
10 和歌山県水平社創立100周年記念『解放への勇者よ!』から。
11 熊本理抄2022「部落女性の解放運動」朝治武・黒川みどり・内田龍史編『講座 近現代日本の部落問題 3 現代の部落問題』解放出版社
12 部落解放同盟●●婦人部識字学級「あけぼの」第3号（1989年）より。
13 同右
14 隣保館（文化会館）を指す。
15 筆者によるインタビュー（2024年7月30日）。
16 部落解放子ども会。被差別部落の子どもの生活や学びを支えるため、部落解放同盟の支部

が主体となり各地で活動が広がった。同和対策事業特別措置法（1969年）により青少年会館の整備や指導員の配置が進む。

17 反差別国際運動（International Movement Against All Forms of Discrimination and Racism）は世界からあらゆる差別と人種主義の撤廃をめざしている国際人権NGO。日本の部落解放同盟の呼びかけにより国内外の被差別団体や個人によって1988年に設立。本書第1章参照。

18 2011年大阪府「人権問題に関する府民意識調査報告書（基本編）」https://warp.da.ndl.go.jp/info:ndljp/pid/13338628/www.pref.osaka.lg.jp/jinken/measure/ishiki22_index.html

19 『部落解放第43回全国女性集会報告書』1998年より。

第8章　私たちが部落を語るために——部落に生きる者たちの系譜

川﨑那恵

1　部落民が部落を語らないことをめぐって

部落は全国各地（北海道と沖縄をのぞく）に約6000ヶ所あるとされ、部落民の数は約300万人と言われている。[1] おそらく、本書を読んでいるみなさんもどこかで部落民と出会っているはずだと思う。しかしながら、部落民と出会ったことがあるという人、部落民の知人・友人がいるという人は本当に少ない。その理由は、部落民かどうかは見た目ではわからない上、部落民自身も自らが部落民であると積極的に語らないし、むしろ、積極的に隠しているからである。部落民が自身の出自や部落について口を閉ざす理由の一つは、「寝た子を起こすな」論、つまり、部落を語るから部落差別がなくならないのだという論理を、部落民自身が実感として受け入れているからだと思う。

たしかに私も、初対面の人に対して「私は大阪出身です」と言うのと同じように「私は部落民なんです」と言わない。相手は部落についてほとんど何も知らないかもしれないし、もしかしたら偏見・差別意識を持っているかもしれない。仮に部落民であると告げた時に相手の反応として想定されるのは、一瞬の沈黙（内心、どうして部落ってわざわざ言うんだろう？　と思っている）とともに体よくスルーされたり、「へぇ〜　部落の人なんだぁ……」と変なものを見るような目で見られたり、「え!? ブラクってなに?」と怪訝そうな顔で問われたり、など。その人と何らかの関係性がこの先も継続すると思えば、こうした、ちょっとした波風を立てるのは避けたい、と思ってしまう。私は「寝た子を起こすな」論は間違っており、粉砕しなくてはならないと考えている。にもかかわらず、他者が「部落」に対して反応することを「寝た子」が起きる瞬間だと捉えてみると、「寝た子」を起こすと面倒な事態になるかもと、部落を語ることを億劫がり、起こしたくない、とどこかで感じてしまっているのかもしれない。

この夏、この原稿を書くために部落問題関連の資料を借りに行った某センターで、対応してくれたスタッフ(教員を退職したばかりだという)から「子どもに対して部落民であると教えないまま育てる、学校でも教えてくれるな、という親も多いですよ」という話を聞いた。確かにそのような親の態度は、他でも聞いたことがあった。いまでは住んでいる地域が部落かどうかも一見してわからないし、隠して育てることは部落内であっても可能だろう。部落の外で暮らしているならなおのこと、子どもに出自を伝える必要性もないかもしれない。ただ少し驚いたのは、「でも、やっぱり結婚の時に部落差別が起こりやすいから、子どもが結婚する年頃に近づいてきたら伝える、という親御さんもいますねぇ」という話だった。普段は部落に出自があることが問題として顕在化しなくとも、結婚に際して部落差別を受ける可能性があるから、その前に伝えておいた方がいいだろう、との判断のようだ。その時の伝え方は、「うちの家は部落で、あなたも部落民だよ。この先、誰かと結婚しようとした時、うちが部落だと知られたら、相手や相手の親・親戚から差別を受けるかもしれない」となる。せめて、「でも、結婚などしなければ、そういう差別も起きないよね」と婚姻制度に抗うフェミニスト的アドバイスをつけ加えてほしいものだが、たいていはそうはならない。

「あなたは部落民だよ。これから先、部落差別を受けるかもしれないよ」。これでは告げられた側にとっては、まるで脅しだよ……とずっとモヤモヤしてきた。しかも、親から子へ、若い世代に向けて告げられるのであり、ただでさえ将来への不安を持たざるを得ない世の中なのに、これから先、差別が降りかかってくる可能性があると知らされるのだから辛い。不安が増幅してしまう。

ここには、部落とは被差別部落であり、部落民とは被差別部落民であることを意味する、という問題が横たわっている。部落民とは、差別される人間である、という意味をあらかじめ含んでしまっているのだ。つまり、自分が部落民であると知らされると同時に、自分が差別されるに値する人間であると規定され、知らされた当人が自分で自分を卑下してしまうという差別の内面化につながってしまう。例えば、周りから祝福されて幸せな結婚をしたいと願う若者が、結婚を意識する年頃にさしかかった時、自分が部落民であると唐突に知らされたら、戸惑い、どうしたらいいのか分からず、とにかく隠しておいた方がいい、と判断するだろう。

「寝た子を起こすな」論では部落差別は決して無くならない。とはいえ自分の出自を知ると同時に、部落差別を内面化してしまった者が、出自を隠し、部落について沈黙するのはごく自然な態度だろう。しかし、それでは「寝た子を起こすな」の論理と同じであり、部落民自らが、現実の差別をそのままにしてやり過ごし、差別を維持・強化することにつながってしまう。

では、私たち――部落民である「私」や部落民と共に生きる「私」の集合体である私たち――は、どのように、部落を／部落民であることを語れば、部落差別を無くす方向に向かえるのだろうか。私は、部落民という存在が部落の歴史と地続きである点を確認し、その歴史とともにいまを生きている部落民の言葉が伝わっていくことが大事なのではないか、と考える。そのような立場を取るとなおさら、「寝た子を起こすな」論が、部落民をかたちづくる歴史の忘却につながり、結果として、部落に生きた／生きる人々の存在そのものの否定・遺棄を引き起こしかねないと思い至り、強い危機感を覚える。何より、部落民自らが、自身の歴史と存在を無きものにするようなことはあってはならないはずだ。

2　「被差別」という客体であることの危うさ

部落民であることが当人によって隠されること、次世代に対して告げる時には決まって差別されるかもしれないという、いわば脅しとセットで明かされ、告げられた者はまたそれを隠す方向へと向かわざるを得ないこと。この負のスパイラルをどのようにしたら抜け出せるだろうか。

部落解放同盟[2]は、部落民について「歴史的・社会的に形成された被差別部落に現在居住しているかあるいは過去に居住していたという事実などによって、部落差別をうける可能性をもつ人の総称」と定義している。[3]この定義に従えば、例えば、外から部落に移り住んでいる人も部落民になるが、後述のとおり部落の中ではよそから移住してきた人間を部外者扱いする風潮がなきにしもあらずだし、戸籍を用いて血統を徹底的に調べる差別者はそのような人間を部落民と認定しないかもしれない。また、この定義は、まさに「被差別」の存在として部落民を規定しているわけだが、私自身、部落問題を学び始めた頃、直接的な差別を受けた経験がないのに、自分は被差別部落民であると捉える他ないことに、素朴に矛盾を感じていた。

差別とは現象である。ある人間が元来、差別される人間として生まれるわけでもない。しかし、「被差別部落」という地域が成立したため、「被差別部落民」「被差別部落出身者」という概念が生まれ、部落民自身も、「差別する／される」という関係の中で自己を位置づけ始めた。「差別する」主体と「差別される」客体の関係に配置されれば、部落民は常に客体である。部落／部落民の現実とそこに流れる歴史を無視して、法務省、政治家、研究者、市井の人々が「部落差別はもうありません」と断言するやいなや、客体であった被差別部落／被差別部落民は、存在しないものとして扱われる。

「存在する／しない」を他者に規定される客体としての立場から脱し、主体的に積極的に「部落民であること」を選び取れるはずだ、とも私は思ってきた。部落解放運動においても、「被差別」を押し返そうとして、例えば、屠畜産業や皮革産業に従事する部落民がいかに高度な技能と経験を持っているか、猿回しや門付け芸など部落民がいかに貴重な日本の芸能文化を継承してきたか、などが強調されてきた。しかし、それらの仕事・役割は、ある特定の部落や部落民にはあてはまったとしても、日本各地に6000ヶ所あるとされる部落や300万人と言われる部落民が共通して持っている技術、仕事、文化などでは決してない。最近になってようやく私は、「部落の文化」や「部落の産業」など何一つないと気づいたが、すぐれた文化や技術による部落表象は、部落にポジティブなイメージをもたらす意外性・新鮮さから流通し支持され、安易に部落全体へ一般化されてきた。

ここで、部落／部落民とは、歴史的に見てどのように形成されてきたのかについて、約150年前まで遡って部落の歴史をダイジェスト版で解説しておきたい。[4]

1871年、欧米並みの近代統一国家をめざし急ピッチで様々な制度改革を進める明治政府は、民衆に向けて「穢多非人ノ称ヲ廃シ身分職業共平民同様トス」と布告し、[5]40以上あったと言われる賤民身分の人々を戸籍へ登録し「平民」として把握、徴税と徴兵の対象に組み込んだ。しかし、壬申《じんしん》戸籍上で旧賤民身分の人々はしばしば「元穢多」「新平民」と記載されたり、穢多系の人々の居住区が「旧穢多村」と呼ばれたりして有徴化された。1880年代には、松方デフレによる米価下落を受けて貧富の差は拡大、元々不利な状況であった人々は一層困窮していく。行政命令や新聞記事等を通じて、旧賤民身分の人々が集住していた地域は、貧困・不潔・病気・怠惰といった「社会悪」の巣窟として差異化され、1900年代初めには「特種部落」「特殊部落」「細民部落」と呼ばれるようになった。また、根拠をでっち上げて異民族説を主張する学者も登場した。この頃に近代の部落問題が成立したと言われている。

1918年の米騒動では警察だけでなく軍隊まで出動、国家権力とマスコミの結託により部落民は治安を脅かす主犯格に仕立て上げられた。差別に対する正当な異議申し立てである全国水平社による糾弾行動[6]も「暴力行為」として非難され、「暴力集団」として部落は恐れられるようになった。1925年には水平運動に熱心な部落民を近隣住民が襲撃した世良田村事件[7]も起きた。

このように「部落＝悪」という見方が広まり、強化され、語り継がれていったのだった。形成途上の近代国家日本／日本国民（天皇の臣民）にとって、部落／部落民は、あのようには決してなってはならないという「悪」「劣等」の集団、言わば、大多数の民衆に対する反面教師的参照基準であったと言える。「二級国民」として位置づけられた部落民が、「一級」としての日本国民の姿を映し出すわけだが、部落民の側もまた鏡の中に映る「一級国民」に自分たちも近づかないといけないと思わされる。部落民が、部落民であることを必死で隠して生きようとする今日まで続く行為も、日本国民への完全なる同化を目標とするなら、必然とも言えるだろう。

全国水平社は天皇を中心とする戦時中の翼賛体制に自ら近づいて解体したが、自由と平等を求める精神を受け継ぎ、戦後出発した部落解放運動は、自分たちが暮らしてきた特定の地域で生じている現象を部落差別であるとし、その実態を放置している国・行政の不作為を告発した。1965年、部落差別の解決は「国の責務」であり「国民的課題」であるとうたう同和対策審議会答申が内閣総理大臣に提出され、同和対策事業特別措置法（1969年制定、改正法により延長を重ねて2002年に失効）に結実した。この法律に基づく同和対策事業は、劣悪な環境、貧困、不就学など差別により歴史的に引き起こされた部落の実態を改善していった。解放教育（同和教育）を通じて部落についての正しい理解をもたらす教育も熱心に取り組まれた。一方、税金が投入されたことで部落外の人々の反感を買い「逆差別」とも言われた。2000年代半ばには事業予算をめぐる一部の人々の不正がマスコミで大々的に報道されたが、「やっぱり〝同和〟は……」と人々の偏見・差別意識を煽り、部落民全体が不正であるかのような誤った認識が流布された。

いま巷で見受けられる部落に対する悪意に満ちたコメントの多くは、特別措置法成立の理由・経緯を正しく理解しようとせず、部落解放同盟をはじめとする部落民集団を「差別、差別と騒ぎ立てて、公金を掠め取っている悪党」とみなした誹謗中傷、ヘイトである。それらが、人々の差別意識を扇動し、どこが部落であるか地名を暴露する行為とセットになって、部落民の身に降りかかる具体的な攻撃を引き起こす。そうした現象を止められない教育や法律といった制度の中に、私たちは生きている。部落民として声を挙げて抵抗すれば、差別が降りかかるかもしれない恐怖心をいまなお部落民の多くが抱いている。

3　部落に生きた者たちの生を見つめる

私たちは、約120年の間、「悪」という記号・意味としての部落／部落民が、社会的に機能し必要とされ、再生産され続け、差別・ヘイトの対象であり続けているという事実を、まずは理解しなくてはならない。その上で、部落／部落民に押し付けられた「悪」の意味だけに埋没せず、部落／部落民を捉え直していく営みが重要である。このことは、特に、部落民にとって、歴史とつながりながら、一度きりの自分の人生を自由に生きていくために、最も大切なステップである。「被差別」という運動的戦略でもあった意味づけをも一旦引き剝がし、部落の歴史を見つめてみたい。この場合の歴史とは、これまで述べてきたような何年にこうした出来事が起こった、という情報に留まらない。私たちよりも前の時代に、部落に生きた者たちの生のことである。

ここに、私がこれまでに出会った、部落に生きた／生きる4人の女性を紹介する。

4人のうち、いま私が連絡を取れるのは一人だけ、2人は故人である。そのため4人全員の個人名や地域名を一律に伏せることとした。生年と部落に生まれ育ったかどうかについては、Aさんは1931年部落生まれ、Bさんは1933年部落外生まれ、Cさんは1939年部落生まれ、Dさんは1947年部落外生まれ、である。Aさんは京都市内の部落で暮らし、他の3人は大阪市内の同じ部落に暮らし互いに知り合いである。

なぜ、この4人を取り上げるのか。それは、部落解放の思想・運動がもたらした彼女たち自身の自己変革は、彼女たちの個人的な経験というレベルを超えて、部落に生きる女性たちの約120年、実に6世代が生きた歴史的時間において特筆すべき、歴史的転換点として捉えられるのではないか、と気づいたからだ。

彼女たちは、女性が女性であるというだけでいまよりもずっと抑圧され差別された時代の中を生き抜いてきた。その上、部落差別そのもの、あるいは、部落差別と無関係とは言えない男性の暴力の犠牲者でもあった。しかしながら、戦後の部落解放運動とのめぐりあいにより自らの立場を歴史的・社会的に理解した。そして、自らの立ち位置から部落差別のない社会を希求し、行動した。4人の共通点は都市の部落に暮らしたこと、結婚したこと、子どもを育てたこと、部落解放運動に参加したこと、識字の力を知っていること、この5点である。その内実も含め、人生経験は実に様々である。

幸いにも、彼女たちが私に向けて語った言葉、私に託した手記、私に宛てた私信がある。それらに基づき、彼女たちの生を、部落の歴史として描き出してみたい。彼女たちの経験や知恵は、個人的なものでありながら、地域や立場を超えて重なり合い、世代を超えて共有できるもの、後世に語り継がれるべきものである。

(1) 変わりゆく部落の景色

4人の暮らした部落は、都市にあって1000~2000人ほどの住人が集住してきた地区である。こうした都市の部落の多くは、戦後日本の高度経済成長から取り残され、1970年代に入り同和対策事業が本格的に始まるまでは、住民たちが生きていくための基本的な条件（住環境、教育、医療、福祉など）が十分ではなく、他の地域と比べて目に見えて異なる様相を呈していた。粗末な家屋が密集して建ち並び、上下水道の整備は立ち遅れ、炊事場や便所も共用だ。道路幅は狭く、火事が起こっても消防車も通行できない。一方で、米や醤油、卵一個の貸し借りができ、食事や風呂など子どもの世話は共同でやり、夫婦喧嘩の仲裁にも入っていく、といった近隣住民の助け合いがあった。部落の中で土地や家屋などの財産を所有している層は少なく、自分の体一つでできる土方仕事やリヤカーを引いての鉄屑その他の廃品回収業で、男女の別なく日銭を稼いだ。他にも草履や傘直し、野菜やその加工品の行商など、都市でのありとあらゆる雑業に従事し食い繋いできた。雨が降ると仕事にならないことも多かった。

このような地区内の環境や住民たちの暮らしぶりは、同和対策事業の住環境整備や教育・就労・福祉面での格差是正策により劇的に変化していった。また、部落解放運動の中で非識字の部落民が読み書きする力をつけるために開かれた識字教室に参加した人たちは、文字を学ぶとともに、文字を奪われてきた自分自身について深く理解していった。事業が開始されてから半世紀のあいだに、進学や就職、不動産購入など、同和対策事業を通じた学歴達成や経済的地位の向上との関連で部落から出ていった者は数知れない。2002年3月末の法の期限切れ・事業終了以降、それまで提供されていた住民サービスは先細り廃止され、老朽化の進む公営団地は住民の高齢化が進み、経済的に厳しい層が空き室に新規入居する傾向が強まった。こうした部落の現実を好機と捉え、団地解体ののち中上流階層向けの住宅を建設する、跡地を売り払って企業の誘致を積極的に行う、という行政と資本によるジェントリフィケーション[8]が進む部落がいくつもある。長年暮らしてきた住民は離散ないし孤立を強いられ、部落解放運動と同和対策事業が結びつけた住民間の共同性は失われつつある。

（2）子ども時代

部落という空間にもたらされた変化の中を4人はくぐりぬけてきた。ここからは4人それぞれの経験を具体的に見ていく。

Aさん（1931年部落生まれ）は、子どもの頃、保育士や小学校の教師による子どもたちの取り扱いが、自分の暮らす地域の子どもたちと、他の地域の子どもたちとは異なっていると気づき、疑問を感じていた。

「私は疑問だらけで大きなってる。保育士が『このへんの子は、ここらの子どもは…』っていうような怒り方をする。なんであの人、あんな怒り方をするんやろう？　何があんの？　そんな怒り方はおかしい。私が悪いことしたんやったら、私を言うたらいい。にもかかわらずこのへんの子どもは、というのはどういうこと？　それをだれも答えてくれない。私は疑問を持って保育所を出てるやん。それで学校行って初めて、教科書を持ってなかったんで先生が『お前ら部落のもんは』と露骨に言うた。ああ、そうか、そうかと、私らが部落か、ここを部落というんやな。それまでなんでなんでなんでやった」

Aさんの母（1911年部落生まれ）は学校に行くのが嫌になり、1年間しか通っていない。

「学校までの道を歩いてる時に石投げられたり、髪の毛引っ張られたり、だから母はもう学校行くの嫌や、と。学校に着いて先生に言うたかって、『エタがエタと言われて何が悪い』って言われた。おばあちゃんは、子どもが学校行くの嫌がって、それ幸いにと、自分かてお仕事せんならんし、一番上の母に子守をさせた」

Aさんが7歳の頃、母は部落外の男性と結婚することになった。Aさんは母についてはいかず、祖父母のもとで自身の叔父・叔母にあたる6人の子どもたちと一緒に育てられることになった。部落民であることを理由に学校で嫌な目に遭っても、自分が悪いとは考えなかったAさん。その思考には祖母（1896年部落生まれ）の影響が大きかったようだが、そんな祖母もまた学校には行けず、文字の読み書きができなかった。

「おばあちゃんがお寺参り行って、字を知らんからな、『お経読んでる人が羨ましいわ』ってよう言わはってん。その時にな、『なんでも借りられる、お醤油でもお味噌でも、なんでも借りられる。そやけど文字だけは借りられへん』っておばあちゃんが言わはったな。私、涙出た、その時。悲しかった。文字読まれへん人の苦しさ。おばあちゃんだけやない、私らもそうやったからな。おばあちゃんは『学校行かなあかんで〜、学校は頑張っていけよ〜』と言うてたよ」

Aさんと同世代のBさん（1933年部落外生まれ）は、冬は雪に閉ざされる農村で、小学3年生頃から家事と畑仕事の貴重な労働力として駆り出されていた。そのため学校にはほとんど行けず、文字の読み書きはできず、計算も苦手であった。

「あんな、私はな、田舎でな、百姓しててん。お父さんとお母さんとな。4人きょうだいでな。末っ子やねん。みんな結婚してしもて、私とお父さんとお母さんで3人で畑してたん。学校へな、3年生まで行かしてくれてん。3年生頃になったら田舎やったら風呂もごはんも薪でたかなあかんし手伝わされてん。冬になったらもんのすごい雪が積もるねん。行かれへんやろ。学校へはほとんど行かなんだ。頭のええ子やったらちょっと休んでもついていけるけど私頭悪いからついていかれへんねん。4年生くらいなって、学校の先生がな『ここへ来てな、これ解きなさい』言うねん。割り算。そんなもん、ちんぷんかんぷんわかるかいな。ほでじーっとこないしてな、もうええ言うてくれるやろおもてな、『いつまでも黒板に引っ付いていてもあかんさかい戻れ』言われてん。うち、ほっとしてたんな」

(3) 女性であることの困難

Cさん（1939年部落生まれ）は部落の中でも比較的安定した経済状況の家庭で暮らしていたが、「女の子には教育はいらん」という親の考えと、部落の生徒を他の生徒と同様には扱わないという教師の対応のために、高校進学を諦めている。その時の悔しかった気持ちを忘れることはない。

「中学2年生の時にね、ある程度勉強できてても、先生が一般の子やったら高等学校行くように勧めはるやんか。そやのに私らの時には勧めてくれへんねん。親のとこに言いに来て欲しいなぁとおもたけど、親によう言わんかった。親の考えは『女の子には教育はいらん。家のことが十分できて、女のすべき裁縫とか洋裁とか家事とか、それができたら一番ええねん。女の子の頭のええのはいかん』って言うて。そんなんでね、学校行かせてくれへんかってん。そやから私は学校行きたかってんけども、中学2年になったらね、2学期からね、就職組と進学組に分けさせられるねん。就職組は遊んででいいねん。ドッジボールやなんかさせて自由に遊びなさいって。進学する人はちゃんと教室入って勉強やねん。その時にものすごい寂しいいうか、いや〜な感じがしていてね、気持ち的にぐれていったね。先生が家に来てうちの親に説得してくれたらよかったなとおもたんやけど。勉強はしたかってんけど、一応は諦めて。自分であんな生活もしたい。こっちの方面も行きたい。自分も資格取ったり、なんか見つけたいと思っても、その前に押さえ込まれんねんね。女の子は教育いらんでぇっていう感じで、父親がそういうふうに教えてたから。でも弟たちはね、高等学校行ったんですよ」

ホワイトカラーに憧れていたというCさんは、自分で求人情報を得て事務職として数年働いたのち、部落外の夫と出会い結婚する。結婚の際、夫の祖母はCさんが部落民であることを理由に結婚を反対した。夫のきょうだいの結婚に差し障るという理由だった。一方、Cさんの親も相手の男性の収入の少なさを理由に結婚を反対していた。2人はそんな反対の声を振り払って部落の外で新婚生活を始めるも生活は苦しかった。父が部落内に新しく建てたアパートへの入居を決め、Cさんは夫婦で部落に戻った。ちょうどその頃、部落解放運動が起こっていたが、「解放運動に目覚めて闘争する人と、寝た子を起こすなの意識の人たちで部落・部落って売り物にせんでも自分の力で働いて子供や生活やっていけという人、ムラ[9]が運動をめぐって割れていた」（Cさん手記）という。

また、「私も父に相談、父は『運動に賛成や反対やゆうても外の人から見れば、皆一緒の部落民や。自分の思った通りに進み』という意見で私も決心し住宅要求者組合[10]に入る。（中略）子どもや孫の代にまで差別を残したらあかん。黙って眠っていたらあかん。今立ち上がっていっさい差別のない社会を作ろう」（Cさん手記）とある。Cさんはその後、部落差別解消の運動へ積極的に参加し、1970年代から90年代にかけて、運動における女性リーダー的存在となった。

また、Cさんは部落の女性の労働観をこう語る。

「女の人はしっかりしてたな。生活苦労は結局女が働いたらどないかなるとおもたやん。女はどうしても子ども育てなあかんというあれがあるからなぁ。男の人はもう決まった額しかもろてけえへんやんか。上げようとおもてももう上がらへんやん、それ以上。それを助けようとおもたら私が働いた方がええわーと働いたもんね」

Cさんと同じ部落で暮らしたBさんは、自身がやってきた仕事について識字作品に残している。次の文中のくず買い・ぼろ買いは、金属くずやぼろきれの廃品回収業を指す。

「何とか食べるために必死だった私は、少しでもお金が入るようにと、仕事も色々やりました。黒綿の仕事から、いもの芽をかきに行ったり、お金持の女中に行ったりと転々としたものです。中でも忘れられないのは、夫の入院が長くなった時、一円でも多くお金をもうけようと、私がくず買いに出たことで自転車に、ぼろを入れるため袋とはかりをつんで、初めてぼろ買いに出た私は、西も東もわかりません。『くずおまへんか。』と言って歩いたのですが、涙が出て声にならなかったことを覚えています」

地元の部落解放同盟支部[11]では、住宅要求者組合に始まり、新居である団地の入居者組合、環境改善と教育闘争、保育所建設闘争、仕事要求者組合、とたくさんの組合や闘争があり、学習の連続であったとCさんは振り返る。妊娠してお腹が大きくなっても、小さな子どもを抱えていても、母親たちはリヤカーを引っ張って働いた。同和対策事業の一環として、妊産婦に牛乳を配ったり、出産費用を出したりした時期もあった。

Aさんは妊娠中、優しかった部落民の夫にも誰にも打ち明けられなかった思いをこう語った。

「産んでええのか、この子が私と同じ人生歩いたらどうしようと思った。それですわ。そやけどやっぱり欲しいわな。私はやっぱり自分の子どもが欲しいなぁと思ったよ。部落差別もあるし同じ気持ちを味わわせたらあかんな、両方の気持ちがあったね」

ここにもまた産む性である女性ならではの孤独があった。日々の生活に必死で、同じ部落の女性たちとこうした悩みを共有する機会もほとんど無かった、とAさんは振り返った。

（4）共助と排除——家と部落

「文字以外はなんでも借りられる」というAさんの祖母の言葉に、当時、困ったことがあれば助け合って生きていた部落の様子が偲ばれる。劣悪な環境だったとしばしば語られる、同和対策事業が始まる前の部落について、その印象を覆すかのようにAさんは語る。

「うちら日稼ぎやからな、お互いさんでみな暮らしてた。自分らの食べるお米がギリギリでも、子どもらで一緒に遊んでたらな、ごはん一緒に食べ、と言うてくれはるわな。昔の人はな、みなな、子どもなぁ、『いと[12]よーいとよー』言うて大きしはってん。みんなが大事にしてくれた。ほんまにね、在所[13]のね、毎日の日常生活の中での子どもの成長の仕方、これはやっぱり言うてもなかなかわからんと思うけれども、そこに住んでるからそういう楽しいこともあるんや」

例えば、Aさんの祖母は食事の際、家族みんなに平等に食べ物を分け与えたという。友人宅との比較で、この祖母の態度が世間の常識ではないとAさんは気づいた。法律に支えられた当時の家父長制の下で、男性が家の中で権力を持つのは当たり前の社会だったが、そもそも相続する財産など持たない貧しい家庭では、男性や年長者を特別扱いする必要もなかったのだ、とAさんは述懐する。貧しさが既存の制度や規範から人々を自由にするということもあったのかもしれない。

少し年代が下るが、1960年代、経済状況の苦しさを理由に部落に戻ってきたCさんもまた、部落内で住民たちが助け合う様子を綴っている。

「帰ってきた村は貧しかったがどこかのどかな暮らしがあった。住人は皆先祖からの知り合いで気心が知れ子育てもしつけも村中の大人がどこの子どもでも悪いことをすれば叱りなだめ、米やみその貸し借りもあり、夫婦げんかで嫁さんが飛び出し帰ると、近所の人が相談して迎えに行ってくれた」（Cさん手記）

他方、結婚を通じて外から部落に入ってきたBさん、Dさん（1947年部落外生まれ）は、同じ部落内で全く異なる経験をしている。

Bさんは、部落に嫁いだために姉から縁を切られ、生まれ育った家から閉め出され、愛する父母との関係を断ち切られてしまった。同時に、嫁ぎ先の家と地域コミュニティ、両方からよそ者扱いを受け、一人ぼっちであったと、やはり識字作品にして書き残している。

「ねえちゃん、元気ですか。私は元気です。ねえちゃんと別れて早、もう四十五年になるなぁ、昭和三十一年五月二十日、私の結婚式の日、ねえちゃんは○○（Bさんが暮らした部落の地名）に嫁いだ私に縁切りしたなあ。その日から私は○○で一人ぼっちになったんですよ。子どもが生まれてすぐに死んだこと、主人がよわかったのでかわりに私が働かなあかんかったこと、苦しい悲しいことといっぱいあったけど、だれも話せる友だちもいなくて一人で、泣いたこと、どんなにつらかったか。

その上、ねえちゃんは、おかあちゃんが死んだ時に『ハハシス、カエルナ』という電報うったな、私にとってもたった一人の大事な大事なお母ちゃんやのに、最後の姿も見られへん、葬式にも顔出されへんなんて、どんなにつらいかどんなに悲しかったか、ねえちゃんわかるか」

一人ぼっちのBさんに対し、夫は「暴力はふるうわ女こしらえるわ」酷かったらしい。また、栄養失調で育たなかったお腹の子を隣の部落の「隠れ医者」（無免許の医師）に200〜300円を支払い麻酔もせずに堕した経験は一度ではなかった。大水となった川へ向かい、身投げしようとしたことが何度もあったができなかったという。

大阪の部落では、外から部落に入ってきた、部落民ではない人を指して「ハク」と呼んで揶揄したり排除したりする傾向がある。ここには、結局のところ「ハク」は自分たちとは違って部落差別からは逃げられる存在であるとして、不信感を抱く向きがあるだろう。

「『あれな、□□（夫の名前）の嫁でな、ハクやで』て言う。『ハク』言うてもわからへんねん。識字の経験交流会に行くやろ。私な、部落と違うんやけど、部落の主人と結婚して、識字があって、そこで私やっとな、字も書けるようになったし、作文も書けるようになったし、という話をしたわけや。ほで主人と別れたやろ？　それを誰かが言うたんや。『おまえな、□□さんと別れてんさかいな、部落におらんと△△（Bさんの田舎）に帰ったらええねん』って。わし、帰ったさかいどっこも住むとこあらへん」

反差別の志を持って部落に入ってきたDさんもまた、結婚した部落民の夫の家族から様々な嫌がらせを受け、それでも「嫁」としての働きを求められ、運動への参加も自由ではなかった。

「推されて初めて女性部役員になった時の夫の妨害、〝お前が頼りや〟といいながら皆の前で〝ハク（＝一般人）は信用できん〟と言い放つ姑、私が胃を切っても見舞ってもくれなかった。姑の不足を言うと〝放っとけ〟〝嫌ならするな〟としか言わない夫、姑の介護をめぐる弟妹たちとのゴタゴタ（姑の死で決裂）、再び女性部役員となり幹事会、識字学級へ出る毎の夫とのケンカ、何か目立っては〝要注意〟」（Dさんから筆者への私信）

生まれた家では教員として成功した父に溺愛されたDさんだったが、高校生の頃から反抗していた。学生時代に部落解放運動に参加し、そこで出会った部落の男性と結婚した。「〝部落の人間はやさしい、つらい思いをした分、人の気持ちがわかる〟などと教条的に信じていた私にとって部落の現実はあまりに厳しかった」（Dさんから筆者への私信）と吐露する。

一般的に、男女が結婚する際、女性の側が生まれた家から出て、別の家に移動することが多い。そのため、外から部落へ入ってくるのは、部落の男性の妻となる女性であることが多いと想定できる。なぜ部落というコミュニティは、外から入ってきた女性たちを弾き出そうとするのか。被差別部落民という同質集団から見てよそ者であるBさんとDさんは、信用できない存在、いわば差別者として見なされていたからではないだろうか。そして、多くの日本人と同様に部落民もまた、家父長制を内包する家という規範に囚われ、女性を抑圧する。家と部落、2つのコミュニティの中で、2人は、女性であること・よそ者であることで二重に排除された。その上、Bさんは、部落差別のせいで実家からも「縁切り」され、文字通り天涯孤独の状態が長く続いた。

家と部落の排他性は、AさんとCさんが語る共助のありようと表裏の関係にあるように思う。ここをどう乗り越えられるだろうか。少なくとも部落民が自身を被差別の立場に囲い込んでいては、BさんとDさんの苦しみは見えてこないだろう。

(5) 職字——女性たちの運動

Aさんは、1960年代の終わりに部落解放運動と出会い参加して1年ほどが経った頃、町内の子育て中の女性から、「うち字ぃ読めへんねん、子どものプリントが読めへんし、かわいそやし、Aちゃん、なんとか字ぃ習えへんかなぁ。字ぃ教えてほしいわぁ」と相談を受けた。同じような境遇にある女性たちに声をかけ、自宅を開放し生徒4人・先生4人の識字教室を開きつつ、行政に働きかけ、翌年には隣保館[14]事業へと発展させた。Aさん自身もこの識字教室で文字を取り戻し、資格を取得し仕事を得た。勉強熱心だったAさんは退職をした後、63歳で夜間中学へ進学、その後夜間高校にも通い、69歳で見事大学に合格した。Aさんは尊敬していた解放運動の女性リーダーの「貧乏では死なん。差別に殺されたらあかんねや」という言葉を私に教えてくれた。差別に殺されないためにも文字の力が必要なのだと思う。

一方、Aさんとほぼ同世代のBさんは、１９９０年代中頃からようやく識字教室に参加するようになったようだ。DさんはそんなBさんの識字を通じた変化について語る。

「Bさんについては、よそもんやということと、嫁いできたけれど、別れて、娘と二人かなり苦労して生きてきてはんねんね。全てマイナスの生活やったわけやね。ところが識字で先生に支えられて、ああ自分の苦労はこういう意味やったんか、と目覚めはってんね。それで自信をつけて人間力を取り戻した、と私は解釈してますねんね」

Bさんの識字作品には確かにこう書かれている。

「私は、字が読めないために、仕事ひとつするのにもずいぶん苦労しました。とくに結婚してからの数年というものは、本当につらく、今でも忘れることができません。今考えると、この苦労はみんな差別のためだったのだと思いますが、あの頃は、そんなことまで考えるよゆうもありませんでした。生活することにせいいっぱいで、自分のことしか見えなかったのです。

でも、識字学級に来るようになって、人前であまりしゃべれなかった私も、いろんな人と話すようになり、人の気持ちを考えたり、友達といっしょに泣いたり、笑ったり、怒ったり、わきあいあいとした中で生活できるようになりました」

Bさんが足繁く通ったこの識字教室は、Cさんによれば以下のような経緯で始まった。

「1970年、婦人部[15]が女性の実態調査にとりくむ。どんな暮らしがありどこに問題があるのか。生活、環境、健康、教育など調査されてゆく。そして子どもの教育や仕事の保障面、健康面、劣悪な環境の改善と行政闘争がとりくまれてゆきます。毎日のように集会があり通達やビラが配られるが読めない書けない。ふと自分自身の問題にふり返った時、実態調査で女性の3人に1人が文字の読み書きに不自由していた」（Cさん手記）

Cさんもまた、部落解放運動において地域の女性たちの実態を把握し、Aさんと同様に行政に対策を求めていった。識字教室が30周年を迎えた年、長らく教室運営に関わってきたDさんは、教室に通う生徒たちと先生たちに向けてこう伝えた。

「『字知らんからアホにされる、ええ仕事できひん』とせっぱつまった要求から始まった識字学級ですが、この道のりは『よみかきは基本的人権である』こと、ひらたく言えばよみかきは〝人間力〟の素だということをはっきりさせせました（〝人間力〟とは感性や価値観をそなえた私、それを支える社会的活動と理解しています）。よみかきは生きる力だ、これが部落の識字の主張です。

部落差別は特別なものではありません。しくまれたとてつもない悪意の結果としての差別と貧困が人間と人間関係をおとしめるのです。〝人間力〟を奪うのです。今も地球のいたる所で。人類の進化の過程とはいえむごいことです。悲しいことです。よみかきは〝人間力〟を修復する何よりの力になります」（Dさん手記）

（6）男性たちの姿

彼女たちのすぐ傍にどのような男性がいたかという点が、彼女たちの部落解放運動への参画度合いにも影響を及ぼしている。Aさんは部落男性と、Cさんは非部落男性と家庭を築いたが、2人の夫は共に女性が部落解放運動に参画することに協力的であった。一方、部落男性であるDさんの夫は、妻の運動への関与について事あるごとに文句を言い家事への従事を求める。Dさん、そしてBさんも、部落男性から暴力をふるわれ辛い思いをしてきた。Bさんに至っては、田舎から家出同然で街へ出てきて、ようやく見つけた仕事場で働いていたところ、後の夫となる男性が言葉巧みにBさんを連れ去った。Bさんは自宅で数日間監禁された後、結婚を強制された。以来、何度も脱走を試みたが連れ戻され、小姑や姑のいじめにも悩まされ、数年後離婚し、一人娘を連れて家を出た。

Dさんは自らの経験をベースに、女性に暴力をふるう部落男性がどのような闇の中にいるのか洞察し記述している。

「私の夫は三重によみかきを奪われました。小学校4、5年ごろから闇米の買い出しや廃品回収をしました。空襲警報や戦後のどさくさでろくに学校へ通うこともなく中学校〝卒業〟。やがてとび職につくのですが転落事故で指の機能を失いました。貧困、戦争、身体障害が夫からよみかきを奪いました。ただガキ大将で負けん気が強く、支部の結成から関わり、それからの生き方は大きく変わりました。

しかしながら圧倒的な知識・情報の不足や社会的な経験の不足、当時のあからさまな蔑視に対する〝一般〟への憎悪などが、夫の世界をとても狭いものにしました。見ても見えないのです。人も、ものも。当然ですね。わからないものに関心を持てませんし、よみかきの力がないと世界を広げようとしてもとてもむずかしいのです。

そして、だからこそ今の社会意識や社会の風潮をストレートに吸いこみます。女性や朝鮮人、障害者への差別、DV、短絡的な右よりな考え方などなど。そして自分に自信がないので自分を主張する時には暴力や差別を使います。〝おかん　かわいそや〟と思った少年が妻に父と同じしうちをするのです」(Dさん手記)

Dさんは、多くの女性たちが読み書きの力を取り戻し「〝人間力〟を修復する」過程を間近に見ながら、彼女たちとは対照的な夫の姿に「よみかきを奪われるということの凄まじい背景」を見た。そして、そんな夫と生涯連れ添った。背景を深く理解したからこそ、夫を見捨てることができなかったのではないだろうか。

（7）運動への展望

部落解放運動の勢いづいていた時期に地元支部の婦人部リーダーであったCさんは、運動について女性の視点から振り返る。

「女性は自由に動かれへん。地域の幹部たちが私らの意見をそんなには尊重してくれへんやろ。女性は動員道具みたいに思ってるだけで。ほんとは女性が一番強いねんけどな。女性が動くから成り立つ運動や思うねん。男性は自分の名誉と欲やと思うわ、私。そやから長続きせえへんねん。子どもにも伝われへんねん。執行部いうてもね、執行委員会でも色々意見をたたかわせる、でもない。どっか上で考えたこと。だからおもしろないねや。動員要員やったらやめとくわーいう感じやねん。ほんとは女の人認めて動かした方がまだ続いてたと思う。男の人なんか仕事行って動くかいな。女こそ子どものためや孫のためや言うて動いたけどね。なんぼ動いたってちゃんと認めへんからアホらしいて思うやんか。いまも女性部には入ってんねんけどな」

また、これからどんな運動がしたいかという私の質問に対しては次のように述べた。

「もしおんなじ考えの人がようけおって力になって動けたら、老人問題や子ども問題でムラの活性化をしたいな。災害問題とかもっと身近なことやりたい。もう解放運動みたいな大きな、なんぼ山のぼってもどっかで崩されていくから。足元固めることね。昔みたいに仲良く。暮らしのことで横へしっかりつながっていきたい。暮らしを中心に。暮らしやったらみんなそこそこ問題あるもんな。災害起こったらどうすんねんとかあるやんか。年寄り、体の不自由な人とかどないすんねんとか。でも自分はでけへんけど何人か寄ったらとか。(支部に)言い出してもどないもならんみたいやから。言うても腹立つねん、返ってけえへんから。みんなも対策受ける癖がついたというか、自分たちで用意しようという気骨がなくなったというか」

やりたいことを思い描き、運動組織に伝えてもまともに受け止めてくれないと怒るCさん。自身の老いもあるが、33年間続いた同和対策事業の中で、住民たちが決められた枠組みの中でしか動かず、自らの発想で動き出すのを億劫がる様子に嘆いている。同じ場にいたDさんは「ただ、自分も解放運動をやってきたから自分にも責任あるからね、何らかの形で活動を起こしたい」と応答する。Cさんは「どこへいったらなんかやろかいう人らが固まるんやろねぇ?」とつぶやく。互いに異なる状況下を生きる部落の女性たちがどのようにしてつながれるだろうか。

4 言葉が私たちをつなげてゆく

4人とその周りにいた女性たちは「閉じる」「開《ひら》ける」という言葉をよく使った。

Cさんは、非識字の状態にある人について、「字が読めないため人に笑われる。恥ずかしいのでいつも人の後をついてゆく。人間が小さく閉じこめられる」と説明する。Bさんと一緒に識字教室で学んだ女性は、「部落におって、よかったっちゅうのは、識字学級というものができて、私らが、人間が、開《ひら》けてきたわけや」と教えてくれた。Aさんは「私は、自分の立場をもっとオープンにしてみんなとお話しできたら一番いいなと思います」と話した。

部落解放運動との出会いは、文字を知ることと似ている。自分で自分を知ることに通じる。「運動との出会いがなかったら自分の置かれている立場そのものがわからない。自分とちゃんと向き合って、自分というものをもっとやっぱり大事にしていきたい」というAさん。たくさんの部落の女性たちの識字学習に伴走してきたDさんは、その女性たちの中でも最も苦しい状況を生きのびたであろうBさんについて、「ああ自分の苦労はこういう意味やったんか、と目覚めはってんね」と述べる。Bさんは字を学ぶとともに歴史と社会を学び、自分の人生で起こったことを理解し、自己覚醒を果たした。Cさんは、自分たちの実態をよく知ろうと調査を行い、非識字の女性たちの存在を可視化した。

4人の共通体験として浮かび上がってくるのが、就職・結婚・運動への参画など、人生の岐路に直面した時、自らの意思を信じ、自分で決めて踏み出した経験を重ねているという点だ。Cさんは、「やっぱり親がこういうふうにしたほうがええで、って決められた道通るほうが幸せやねぇ。自分でこうしたいああしたいと自分で決めたら険しい。責任持たなあかんし。弱音吐かれへんし。頑張らなあかんもん。結婚して貧乏生活でも泣いて帰られへんもん」と本音を吐き出す。誰もがそう実感するところかもしれない。しかし、自分の声に耳をすまし動き出したのだった。

文字を学びたいという切実な声をあげた女性たちに突き動かされるかのように、識字教室を開き、3世代に渡っていた非識字の状態に終止符を打ったAさん。解放運動において女性たちがもっと尊重される活動を模索し始めたCさん。「私な、部落と違うんやけど、部落の主人と結婚して、識字があって、そこで私やっとな、字も書けるようになったし、作文も書けるようになった」というBさんは、自分の人生で起こった出来事の意味を鮮やかに塗り替えた。Dさんは夫からの暴力に触れ「暴力（部落差別・あらゆる差別・支配・戦争）の連鎖は断ち切りたいですよね」と記した。彼女たちは、それぞれに直面した、部落差別、性差別、貧困、非識字などが絡まり合って引き起こされる負の連鎖を、自らの生において断ち切ろうとした。

部落に生きた一人ひとりがどんなふうに今日までを生きてきたのか、それを知ることの価値を、私に教えてくれたのはDさんであった。「おばんたちの何げない日常が私にとっては大発見であったりその語りにきらきら光るものがありました」「私が伝えたいのは人が生きていくことの動いているダイナミズムというか細やかでかつ大胆な人生のおもしろさなんです」というDさんの言葉に導かれるようにして、私はこの文章の執筆に取り組んだ。

ここに紹介した女性たちの生の中に私が見出すものは、地縁・血縁という系譜とはまた別の、現在、部落に生きる者たちが主体的に連なっていける系譜である。「被差別」という客体的立ち位置から自由になり、語りたい私の言葉。語り聞かれ書き残され、後世まで届けられた私たちの言葉。響き合う言葉たちを媒介として発見された、しかし既に存在していた部落の歴史であり、系譜。私はこの系譜に連なり、部落の歴史とともに生きていく。ようやく、部落に生きる者たちが忘れ去られることも、この先いなくなってしまうこともない、という確信を持てた。ここに取り上げた言葉を受け止め、自らの生と向き合い未来に向けて新たに語り始める人が、一人、また一人と現れてほしいと心から願っている。

1 日本政府が行った部落を対象とした実態調査（1993年が最後）によると、同和地区（同和対策事業の対象となる部落を呼ぶ際の行政用語）は4442、同和関係人口は89万2751。同和地区に指定されなかった部落（未指定地区）も含むと6000と言われ、同和地区に住所を置く者は215万9000近くに及ぶとされる。部落からの転出者も含むと300万という数は妥当とされる。（参照：部落解放同盟大阪府連合会ウェブサイト内コラム「水平時評」vol. 281（大阪府連委員長 赤井隆史）http://www.hrn.gr.jp/column/3628/）

2 「部落民とすべての人びとを部落差別から完全に解放し、もって人権確立社会の実現を目的」とする社会運動団体。（参照：部落解放同盟中央本部ウェブサイト http://www.bll.gr.jp）

3 部落解放同盟綱領（2011年）における定義。（参照：部落解放同盟中央本部ウェブサイト）

4 参考とした文献は、黒川みどり『被差別部落認識の歴史―異化と同化の間』（岩波現代文庫）、小早川明良『被差別部落の真実―創作された「部落の仕事と文化」イメージ』『被差別部落の真実2―だれが部落民となったのか』（2冊ともにんげん出版）など。

5 「賤称廃止令」「賤民廃止令」「解放令」と呼ばれる太政官布告。

6 水平社創立大会において「吾々に対し穢多及び特殊部落民等の言行によって侮辱の意志を表示したる時は徹底糾弾を為す」とある。部落解放同盟は、糾弾について、抗議であるとともに差別をした人に差別の間違いをさとらせ、部落の解放をめざす人間に変わっていくことを求める闘いであり、教育活動と位置づけている。（参照：部落解放同盟中央本部ウェブサイト）

7 差別発言を契機に水平社が行った糾弾について、部落外住民3000人が反発し23戸の部落を襲撃（放火、暴行、家屋破壊）した群馬県世良田村での事件。運動を恐れる権力側が襲撃事件を容認したため、被害を受けた部落民の刑罰が重かった。

8 原口剛によれば、1960年代のイギリスで、ルース・グラスという社会学者がロンドン都心部の貧しい労働者街に裕福な中産階級が新たに移り住み、長年暮らしてきた住民が追い出される現象を発見し、「ジェントリフィケーション」と名づけた、と言う。（参照：ヒューライツ大阪ウェブサイト内ニュースレター『国際人権ひろば』No.175『「ジェントリフィケーション」という言葉を使いこなしていくために」http://www.hurights.or.jp/archives/newsletter/section4/2024/05/post-201991.html)

9 大阪や兵庫では自分の生まれ育った部落を「ムラ」と呼ぶことが多い。

10 団地などの公営住宅の建設を行政に求めるために住民が結成した組合組織。

11 各部落に結成された部落解放同盟は支部と呼ばれる。部落解放同盟は団体の執行部である中央本部のほか、多くの都府県で各支部の連合組織が存在している。

12 愛らしい子どものこと。関西地方でお嬢さんを意味する「いとはん」と同義と思われる。

13 京都では自分の生まれ育った部落を「在所」と呼ぶことが多い。

14 福祉の向上や人権啓発の住民交流の拠点となる開かれたコミュニティセンター。生活上の各種相談事業や人権課題の解決のための各種事業を総合的に行う。同和対策事業が始まる以前から各地の部落で設置され、事業を通じてさらに広がっていった。（参照：全国隣保館連絡協議会ウェブサイト　https://rinpokan.net)

15 部落解放同盟支部のもとに結成された女性たちの集まり。女性たちの課題を中心に扱い、支部や行政への要求としてまとめていく主体。現在は「女性部」と呼ぶ。

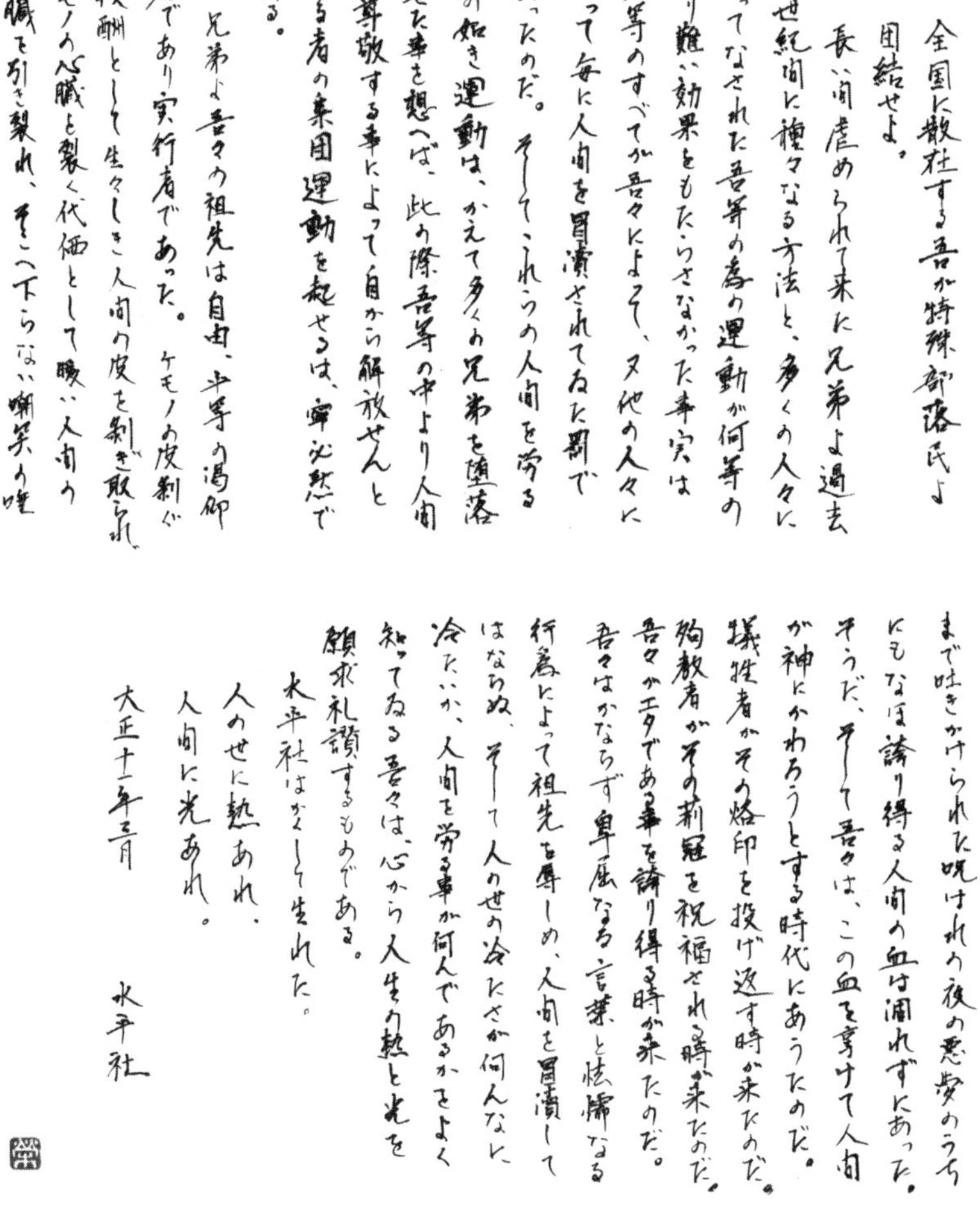

全国に散在する吾が特殊部落民よ団結せよ。

長い間虐められて来た兄弟よ過去半世紀間に種々なる方法と、多くの人々によってなされた吾等の為の運動が何等の有り難い効果をもたらさなかった事実は夫等のすべてが吾々によって、又他の人々によって毎に人間を冒瀆されてゐた罰であったのだ。そしてこれらの人間を勞るかの如き運動は、かえって多くの兄弟を堕落させた事を想へば、此の際吾等の中より人間を尊敬する事によって自から解放せんとする者の集団運動を起せるは、寧ろ必然である。

兄弟よ吾々の祖先は自由、平等の渇仰者であり実行者であった。ケモノの皮剥ぐ報酬として生々しき人間の皮を剥ぎ取られ、ケモノの心臓を裂く代価として暖い人間の心臓を引き裂れ、そこへ下らない嘲笑の唾まで吐きかけられた呪はれの夜の悪夢のうちにもなほ誇り得る人間の血は涸れずにあった。そうだ、そして吾々は、この血を享けて人間が神にかわろうとする時代にあうたのだ。犠牲者がその烙印を投げ返す時が来たのだ。殉教者がその荊冠を祝福される時が来たのだ。

吾々がエタである事を誇り得る時が来たのだ。

吾々はかならず卑屈なる言葉と怯懦なる行為によって祖先を辱しめ、人間を冒瀆してはならぬ。そして人の世の冷たさが何んなに冷たいか、人間を勞る事が何んであるかをよく知ってゐる吾々は、心から人生の熱と光を願求礼讃するものである。

水平社はかくして生れた。

人の世に熱あれ、

人間に光あれ。

大正十一年三月

水平社

1970年代から識字教室で学んだ部落女性の一人、山本栄子さんが書いた水平社宣言（本人提供）。
山本栄子さんについて詳しくは著書『歩――識字を求め、部落差別と闘いつづける』（解放出版社、2012年）、『いま、部落問題を語る――新たな出会いを求めて』（共編著、生活書院、2019年）。

第9章　不可視化への歴史的抵抗、主体と権利の奪還

熊本理抄

書きたい　書きたいが　とまらない

識字作品集を自費出版する神田千代子さんの本から（2025年）

規範に抗い、知を受け継ぐ

部落差別を考えるための主語を、マジョリティがもたない。部落女性は糺《ただ》しつづけてきたが、無視している意識すら、マジョリティにはない。日本人、男性、健常者、異性愛者、シスジェンダー、中産階級者といった具合に、みずからを名乗る第一人称を必要とせず、顕在しないマジョリティが、部落女性に応答することはめったにない。踏んでいる側が徹底して行なう不可視化に抗うため、私は部落フェミニズムを名乗る。その存在を他者に委ねるのではない。歴史と実存をかけた名乗りが主体と権利の奪回だからだ。

部落フェミニズムの名乗りをもって私が照射するのは、天皇制、戸籍制度、「家」思想、優生思想である。これら制度とイデオロギーに基づいてつくられる組織——家族から国家にいたるまでのありとあらゆる組織——に包摂されれば、構成員としての利益が保障される。構成員とされる者を優先するこれら制度とイデオロギーは、人びとを序列化し支配従属の関係に配置しながら機能する。この構造を積極的に解体しようとしないかぎり、マジョリティの便益は意識せずとも保護される。天皇制、戸籍制度、「家」思想、優生思想に基づく、構造、秩序、規範の維持が国家の最大目的であるため、国家は意図的に差異をつくりかえながら、その差異をつうじた同化と排除により権力関係を組み立てていく。「ふつうの日本人」は利益保護に与《あずか》りたいため権力関係の体系化にすすんで加担する。

　戦後の日本は、一方では人権、自由、平等、民主主義を掲げつつ、他方では部落女性に複合的な抑圧をもたらす政策を実行してきた。つまり人権政策と差別政策は対立するものでない、両立可能なものとして実行されてきた。生活の隅々に浸潤していようが、天皇制、戸籍制度、「家」思想、優生思想は意識されない。「差別はよくない」ことを政府と市民は社会規範として受け入れるが、差別撤廃政策を打ち出そうとはしない。構造的差別の論理を崩さないよう、差別は個人化される。「ふつうの日本人」に差別の意図がなくとも、「ふつうであたりまえ」の生活を維持することがだれかを抑圧する。そうした構造のなかで、「私たち」は生きている。生存のためにたたかう必要のない人は、そうする必要のある人を容易に切り捨てる。構造を意識しないままに日常を過ごすためだ。既存の構造、秩序、規範への抵抗を続ける部落女性の運動は脅威と見なされ、歴史と現実から切り捨てられてきた。その結果、部落女性の従属と不利益が再生産される。

　私もまた、天皇制と戸籍制度への従属、「家」思想と優生思想の支配、経済的搾取の拡大など、部落女性の被る抑圧を維持する構造に組み込まれながら生きている。そのように部落女性を遇する側の論理と概念に依拠して私を語りつづけるかぎり消耗してしまう。だから私の立つ位置に名前を付ける必要があった。外延を設定すると、取り巻く世界が見え、歴史と構造を他者と共有できるようになる。似た経験、異なる経験を引き出す言語が流通するからだ。

そうだからと言って、部落女性の視点と経験を本質化しないよう注意深くありたい。部落女性だと自己認識する人たちがすべて同じように考え、行動しているわけではない。集団的な連帯を創造する道に続きたいと思っても、個人の信念と生活を放棄する必要はない。語り継がれた部落女性の歴史を美化したい誘惑が私にはある。しかしそれを普遍として他者に押し付けたくない。部落女性から受け継ぐ知を中心に位置付けようとすれば、他者の知を周縁化する恐れがあることに自覚的でありたい。部落女性の世界観こそが正統なものであり、他者のそれは差異と多様性の一つにすぎない、と言いたいのでもない。「部落」や「フェミニズム」の一括化を批判しつつ「部落フェミニズム」を名乗る際の一括りにも敏感でありたい。部落フェミニズムと名乗ることで、先人たちの歴史のなかに私も入って自己を生き、断絶した歴史を取り戻し、抑圧についての思考を深める手がかりとしたい。

歴史と現実の描写をとおして、本書の執筆者たちは規範に対峙する。人権を実現してきたマイノリティによる長年のたたかいを不可視化し、マジョリティの正義に感謝して生きるようマイノリティは強制される。そうして差別を助長するマジョリティの正義や規範に、石地かおるは抵抗する。みずからの人種／エスニシティが社会規範であるマジョリティはそれを意識せず過ごせる、と藤岡美恵子は指摘する。部落女性はその規範に抗いつつ、部落コミュニティとの矛盾や葛藤のなかで、主体性を選び取る。それを空疎な表現である「多様性」と読み替えて実際の非対称な権力関係を覆い隠し、さらにはその多様性を「承認」する位置にみずからを置くマジョリティ女性の暴力性を、藤岡は鋭く批判する。差異の境界線設定は、人為的、恣意的、政治的、そして支配的なものである。マイノリティ女性が引き受けさせられる抑圧構造のなかに生きているマジョリティ女性が自己の立場と特権を問わないかぎり、多様性の承認というヒエラルキーをふりかざして差別を了解するにすぎない。みずからの構造と位置を問うこともないままに、部落女性の自己卑下を都合よく解釈して善意を向ける女性を批判する部落女性が一世紀も前にいたことを、宮前千雅子は明らかにする。

他者の歴史を知らずして、自分の歴史を本当に知ることはできない。差別、不平等、抑圧の話をしている部落女性に対して、自分たちを中心に据えた正義、多様性、善意で応答するマジョリティは、本当には、部落女性の人権、平等、自由を達成するつもりはないのだろう。骨の髄まで入り込んでいる権力を放棄しない、つまり差別を厭わない現状に鑑みれば、マジョリティが自分たちに都合のよい権力関係を破壊する危険性よりも、正義、多様性、善意を演じつつ、部落女性を操作する側にいる安全性を選んでいるように見える。

差別、不平等、抑圧に対するマイノリティからの問題提起があって、人権、平等、自由が提示されてきたのがこれまでの歴史であって、その逆ではない。人権保障の構成員から排除されつつも、尊厳と生活をかけて部落女性が実現した人権保障の歴史は知られていない。社会運動からも学術研究からも、甚だしい無視を被ってきた。排除と不自由を強いられる部落女性の生活、劣等や逸脱と見なされた部落女性の知が、独自の視点と運動を生み出した。不可視化と沈黙を容赦なく課してくる規範を内側から食い破るようにあらわれたものである。部落女性を支配しつつも抹消するように設計される社会で、尊厳を手に入れるためにすべてをかけ、更地から日々の生活を築き、想像を絶する苦痛に屈せずに解放を信じ、抵抗の歌を歌いつづけた。部落女性を無知と見なす権力側に取り込まれた、知という権力を取り戻すたたかいだったとも言える。

部落フェミニズムには多数の先駆者たちがいた。社会から排除されつつどんな仕事でもした女性たち。懸命に生き、歴史をくぐった女性たち。かれらのしたたかな知恵を、本書は伝える。社会運動と学術研究から遠ざけられながら、社会矛盾を捉え、否応なく主体を成立させた人間の生き抜く知恵を伝える。知は個ではなく、場、関係、集団、歴史、未来に宿ること、支配と搾取を生まない知があることを、本書に登場する女性たちが教えてくれる。

仕事を仕事と見なされず、給料も支払われずにいた労働実態から抜け出す方法が識字だったことを、坂東希は聞き取りから丁寧に拾う。読み書きができるようになって、見える世界が変わったという。部落女性の見える世界を、部落フェミニズムは変えられるだろうか。藤岡の言葉が私たちに響く。ジェンダー差別に苦しみフェミニズムを必要としながらも不在と遇されてきた部落女性のプラットフォームをつくりだしたい。１９２０年代の水平社時代を生きた部落女性につながることが、今を生きる宮前の力となっているように、部落女性の存在と歴史を受け継ぎ部落民であることを主体的に選び取る川﨑那恵が、今を生きる部落女性の言葉とともに部落に生きた者の生を伝えるように、本書に登場する女性たちが、同時代と未来を生きる部落女性につながり生きる力となることを、私は渇望する。

消し去るものに抗い、名を付ける

部落の歴史が否定と改竄《かいざん》にさらされている。インターネット上では、憎悪に満ちた書き換えが蔓延《はびこ》る。部落解放運動をつぶしにかかろうとする。声をあげればたたかれる。無知でいれば難を免れると思っている多くの部落女性が、烙印と屈辱を生きながらえている。反論できない環境をつくりあげるものによって、被害者はいないものにされる。その罪と代償は、あまりにも大きい。

部落女性の歴史と証言が、無視、否定、抹消される。部落女性の存在と運動を、不可視化、疎外、侮蔑する。日本政府は部落女性の実態調査をしない。ゆえに差別はないことにされる。差別者が地名を暴露し差別を煽動する。したがって地域史料を明らかにできない。存在を消し去ろうとするものに抗いつづけなければ、部落女性の思想と実践は、なかったこと、ないものにされる。「部落女性」と一括表象され、「女性」の付録、「部落男性」の付録として、歴史家に記録され、活動家に指導され、研究者に分析される。そうして部落女性の従属を再生産する国家、社会運動、学術研究のなかで、私がどう生きるかを考えなければならない。

私もこの位置からこれまで声をあげなかったわけではない。部落解放活動家からは「分断するのか」と非難され、フェミニズム理論家からは「貶価《へんか》するのか」と揶揄されてきた。「なくすべき部落を研究者が再構築して、責任を取れるのか」など、助言と銘打った無責任な暴言を研究者から浴びる。「日本のマイノリティにも関心があり、部落の女性差別について教えてほしい」といった質問を、物珍しいものを見るように運動家から受ける。フェミニスト・カウンセリングの養成講座に行けば、「フェミニズムには余裕がないので、あなたたち関心のある人がやればよい」と、講師から敬遠された経験が私にもある。権利主張を利権集団と読み替えながら運動弾圧を煽る国家の攻撃に沈黙する知識人たちにうんざりするほど囲まれてきた。自分が主体、中心、規範であると疑わない人たち、運動、研究、支援は、中立、客観、公平であるべきと強要する人たち。部落女性をまなざす側として、自身の重層的、複合的、交差的な位置にもがき苦しむ人に、私はほとんど出会わなかった。

本書で記される事実を手がかりに、存在が抹消される部落女性の直面する無力感と恐怖感に思いをはせてほしい。集団に向けられる蔑称語から実感した人格否定と人間不信。女性運動に透明化されて抱えた不安と緊張。血統を断絶すること、氏と本籍を変更することが、部落差別をなくす方策だと信じたうえでの行動が残す傷跡。

障害者や部落を、悪、不幸、不要、劣生と見なす優生思想は、立法、行政、医療、研究、教育、メディア、市民の共謀により、マイノリティの生命と存在を抹殺してきた。優生思想の内面化が自尊心を剥奪し、世代間トラウマを引き起こす。そのようにして存在を全否定する社会で生きることそのものが、石地の思想と実践である。旧優生保護法と呼んだところで、優生思想を過去の遺物にできない。「家」制度がなくなったところで「家」思想が残存するのと同じだ。日本社会に深く根を下ろした優生思想と、それに基づく政策と規範に縛られて生きる私たちは、自己と他者を抑圧しつづける。障害を嫌悪し忌避する社会規範を内在化した石地が、自分のなかにある差別性を言葉にできず苦しんだこと、障害をなおそうとする教員と親の抑圧性を見抜き、感謝と謝罪を要求される人生からの自由を求めたこと、これら規範が実のところ、優生思想とジェノサイドを正当化するものであること、そしてその社会規範は健常者をも抑圧していること。石地の強調点は、優生思想の根絶にある。

私たちは自分の歴史とともに過去の歴史を生きる。歴史は現在につながる。1922年3月3日に採択された「全国水平社創立宣言」（水平社宣言）の今日的な意義と歴史認識について、部落解放同盟は2024年3月、見解を発表する。「共に闘う強い絆《きずな》を表現する同志の意味」において、水平社が「兄弟」を使っていると説明したうえで、「宣言のなかの歴史的制約による表現の問題点」の第1に、「女性の存在を視野に入れない男性中心主義的な意識が反映した表現の象徴でもあった」ことをあげる。一世紀前を現に生きた部落女性を不可視化した事実について、「歴史的制約による表現の問題点」と結論するだけでは、現在につながる部落女性たちの無念が聞かれることはない。同じ100年を繰り返さないために、先行世代への批判を自身にどう反照させるかが、私に問われる。

みずからの存在と反差別の立場を標榜するのが今以上に難しかっただろう時代に生きた部落女性の記録を掘り起こす宮前は、抵抗主体として生きた部落女性の歴史を浮かび上がらせる。そして水平社宣言が露わにした部落女性の不在は、時代の制約でなく、女性に呼びかけないという部落男性の意図的な選択によるものだったのではないか、と異見を唱える。本書が指摘するのは、部落女性の存在だけでなく、部落女性の抵抗さえも不可視化する暴力性である。宮前はそれを水平社宣言に見出す。そして藤岡は、不可視化に対する部落女性の抵抗を無視しつづけるマジョリティ女性の意図に着目する。部落女性の感じる違和を1980年代から間近で見てきた藤岡は、実存を可視化するかれらの努力に対してさえ、抵抗、反撃、拒否、否定、抑圧、責任回避といった形態を取る無知、無関心を、マジョリティの特権だと論じる。加えて、レイシズムをレイシズムだと表現することさえしないほどに浸潤し、差別を固定化、強化する日本社会のレイシズムがいかに堅牢かを指摘する。無関心という形態のレイシズムに対するマジョリティ女性の実相を踏まえれば、意識と知識を高めたとしても反差別の行動と政策が採られるわけでなく、構造的レイシズムが継続する、と結論づける。

１００年前、「女性」の要求に部落女性の要求を盛り込む女性たちがいた。部落差別への抵抗について発信する女性たちがいた。しかし、女性史を生み、ジェンダー史を発展させた現代において、部落女性はいっそう不可視化されていると、宮前は説明する。藤岡が詳述するように、１９９０年代までは、マジョリティ女性がその立場性を踏まえたうえでマイノリティ女性との対話を試みた事例がある。

部落女性の運動とフェミニズム運動の進展、歴史研究の深化、そして「二重、三重の差別と圧迫」や「複合差別」の流通に伴い、部落女性がさらに不可視化されるとは皮肉なことだ。ジェンダーですべてを論説できると考えるがゆえに、また徹底した無知、無関心で部落女性の運動を閑却するがゆえに、マジョリティ女性の経験に部落女性の経験をますます交差させることができなくなるという矛盾をはらむ。知ったうえで意図的に知らないふりをするのは、中心という特権を維持するためであるから、この意図を批判し、権力関係を覆すのは並大抵のことではない。私が対峙したいのは、女性解放や部落解放といった「正義」を独占的に定義しようとする権力である。優生思想、女性排除、レイシズムの混合する社会で、部落女性の抵抗を不在、不可視とし、それをよしとする権力である。それら権力に抗い、部落女性が挑んできた主体性の奪還と社会規範の変革を部落フェミニズムと名付けたいのだ。

沈黙を語り継ぎ、力を取り戻す

マジョリティとしての生活と優位性を維持するために、マジョリティが必要とする無知、選択する沈黙がある。他方で部落女性にとって無知は、人間としての生存と尊厳にかかわる。部落女性の沈黙は、差別社会を生きるための術でもある。自己消滅の危険をはらんでも、沈黙が、家族と地域住民の生存を守り抜く方法だった。しかし、被差別者が沈黙と同化を試みても、変容の努力を続けても、寛容を懇願しても、差別する必要のある者の恣意的な選別により、脅威は多様な形態を取って襲いかかってくる。

部落民が自身を「被差別」の存在として囲い込み、客体化しつづければ、「部落差別はもうありません」と主張して歴史と現実を歪曲する政府、政治家、研究者、市井の人びとにより部落民は存在しないものと扱われる、と川崎は危機感を抱く。差別者の論理を内面化する不自由から自由にならなければ、自己スティグマから逃れられない。「被差別」の伝承だけでは、次代の不安を増幅するばかりで、隠す陥穽《かんせい》にはまる。他者の規定する「被差別」の客体的な立ち位置を引き剝がさなければ、部落差別とたたかう非部落女性の苦しみにも出会えないと、川崎は主張を展開する。

各章を読むうちに、読者はある忠言に気づくだろう。部落女性が経験する、出自の隠匿、差別の沈黙、同化の強制である。口外しないよう、隠すよう、そっとしておくよう、あるいは部落ではないと考えるよう、本書の執筆者たちは教えられてきた。そう教える親たちは、氏を変え、本籍地を変え、部落とわかる記号をなくそうと試みる。差別と不幸の原因を、部落の出自、血統、身体に見出し自責する。部落の「違い」に「劣等性」を付加して子に伝える。部落の血統を引き継がないよう非部落男性と結婚する。居を移し、部落の人間関係を遮断し、運動関与から距離を置き、周囲に目配りし、会話内容に神経を張りめぐらせ、食生活を他の家庭とは共有せず、部落をめぐる拭い去れない記憶を家庭内に閉じ込める。親たちへの複雑な感情を執筆者が述懐するように、隠匿、沈黙、同化の強制といった複数の事象を原因とするトラウマが、世代間、集団内で蓄積していく。

直接的な被差別経験がない、と語る部落女性は多い。しかしスティグマと代理受傷が、世代を超えて、地域と集団に残す後遺症があることをかれらは知っている。複合的な抑圧が累積的な傷となって継続的に残る。だから部落女性たちは、差別社会を生きるための、共同的なケアと教育を重視した。世代を重ねながらトラウマを癒やす、回復力のあるコミュニティを築いてきた。「被差別」の客体的経験と同時に「反差別」の主体的生きかたを、トラウマと同時にそれに対するレジスタンスを伝えようと尽力した。先を生きた者たちに複合的な抑圧を背負わせた社会構造へと、本書の執筆者たちは目を向ける。そして、先人たちの尊厳と権利が回復され、自責や孤独、苦難から解放され、適切なケアと安心がかれらにも提供されることを、自分たちへのそれと同様に願っている。私もその一人だ。

部落出身であることを理由に、父方の親族に結婚を猛反対された母はかけおちをして、私を産み育てた。部落への侮蔑と、男性の優位性を放棄できなかった父は、離婚手続きもしないままに多額の借金を残して失踪する。部落出身であるひとり親の女性が就くことのできる、ありとあらゆる仕事を母はかけもちしながら、家族が再統合できる方途を探りつづけた。

母の生まれ育った小さな農村部落で、私は6歳から祖父母、伯父伯母に育てられる。部落外から設定される部落の内と外の境界線が強固だったからだろう。部落内部の画一でない家族構成、階級はさほど顕在化しなかった。それほど部落全体が貧困だった。「身売り」をされた女性たちの話を祖母から頻繁に聞いた。個人と共同体の痛嘆が織り込まれた歴史と日常を、沈黙の連帯で生き通す。そうした部落には、同性同士で家族を形成している人、病気や障害とともに自宅で生活する人がいた。自己決定と相互扶助の絶妙なバランスを歴史的に積み重ねてきた部落内部のゆるやかな境界線は、私にとって居心地のいいものだった。

だれしもがひたすらに働いた。働けば生活を維持できると信じていた。そんな地域住民の寿命は短い。部落の豊かな歴史を差別が切り刻んで一緒にもっていってしまう。死んでもなお人として認められず、喪失の経験さえ住民は引き剝がされる。地域住民の早逝を悼みながら独り長生きした祖母は晩年、介護サービスの利用を拒絶しつづけた。歴史的に差別してきた側が提供するケアシステムへのアクセスをつうじて、再経験するであろう差別を憂慮したからだった。部落女性たちは独自のケアシステムをつくってきた。部落住民の家庭環境が複雑、多様であることと、部落外とは断絶されていることから、冠婚葬祭、夏祭り、運動会、キャンプ、誕生会、クリスマスなどの行事は部落総出だった。

「寝た子を起こすな」の意識が強い地域に、お茶講《ちゃこ》と部落解放子ども会があった。近くの寺院から檀家になることを拒否されていたため、字を読み書きした祖父が各家をまわってお経をあげる。そのあとお茶菓子や小皿料理を囲んで開かれる寄合をお茶講と呼んでいた。私はそこで曽祖母と祖母、同世代の部落女性たちが語らう痛みの記憶を身体に記録しながら育った。誇り、希望、喜び、悔しさ、悲しみ、怒りを共有する、部落フェミニズムの原点と言える記憶である。自立した個人、家族の愛といった近代的価値観に縛られることなく、のびのびと生き生きと、社会の底辺と周辺を生きる地域共同体に、私は育てられた。差別が切り刻む歴史経験の破片を集めてつくる、脆いけれども回復力のあるコミュニティは、その内部に含まれる脆弱性にも敏感だった。

小学生時代の6年間に担任として出会った女性教員たちが、私の未来と世界を開いてくれる。お茶講で聞くところの祖父母時代から大きく変容した、つまり部落解放運動が大きく変容させた、教育の権利保障を私はとことん享受する。部落の子どもたちが集まる部落解放子ども会にも、週に2回参加した。別の部落から来る青年、学校帰りに駆けつける教員、人知れず部落解放団体で事務を担っていた祖父から、部落差別の歴史と現状、部落民の主体と部落解放運動、地域住民の貧困と互助、地域に刻まれる忌避と排除、部落住民の哀歓と気骨などを私はみっちり学んだ。数世代にわたる差別、地域住民全体に暗黙のうちに共有される差別、その差別が引き起こす痛みについて解釈する力を私に与えたのは、学校の同和教育、地域の子ども会学習、部落コミュニティの相互扶助だった。

差別に対する不安と恐れ、自己存在の否定、他者や社会への不信は、一人の人間の現実を決定するだけでなく、一人の人間の未来を左右するだけでなく、部落全体に、そしていくつもの世代を超えて記憶されていく。そうした集団とコミュニティのトラウマを癒やす機能を、部落コミュニティはみずからつくってきた。

当事者性に立った瀬戸徐映里奈の実践的研究は、ジェンダー規範と交差する世代間伝達トラウマやレイシャル・トラウマからの回復を考えるうえで示唆に富む。食文化を否定される嫁としての経験に端を発した出来事を回想する祖母は、瀬戸徐に何度もそれを伝える。そして、自分が経験したのと同様のことを祖母は義理の娘に繰り返し、朝鮮に出自をもつ瀬戸徐の母が嫁として提供する食文化を蔑むべき民族の食だと否定する。仕事中に経験した生命にかかわる祖母の恐怖についても反復して聞いている。その瀬戸徐が、祖母からの伝承と「混血」としての経験に洞察を得たのは、実践的研究で入り込んだ部落コミュニティでの、食と皮革労働に関する住民への聞き取りである。次世代へ継承された部落女性の記憶。瀬戸徐の描写記述は、祖母の生も読み直していく。

内面化する差別と世代間継承されるトラウマからの解放という効果をもつ識字運動への関与により、女性たちが人間の尊厳を回復していく過程を詳述するのは、川崎と坂東である。部落女性と非部落女性が出会って葛藤、対立し、矛盾のなかで自己に向き合う場、対話と連帯の可能性に開かれた場を識字学級に見出す川崎と坂東は、非部落女性の言葉と感情を疎かにしない。結婚を伴う移動、法律婚に生じる戸籍の移動と氏の変更、イエとムラに「入る」者としての立ち位置、子産みがもたらす血縁の意識化、子育て役割における部落の伝承、家族親族や地域社会の人間関係調整など、非部落女性が引き受ける「家」と地域共同体の家父長制について、非部落女性の聞き取りからする川崎の描写記述は、部落女性の経験に重なりつつ、しかし非部落女性に固有のものでもある。宮前の指摘を非部落女性に敷衍《ふえん》すれば、非部落女性を部落コミュニティが排除するのは、部落コミュニティもまた「家」の論理にとらわれ、共同体秩序を乱す存在として非部落女性を見なすからだろう。川﨑が聞き取りをした非部落女性の指摘はここに収まるわけでなく、部落男性が背負う人間性の破壊までをも対象として、非識字が剝奪するものを女性たちが追究しようとする営みを示す。

ここで私は部落男性に伝えたい。女性のケアに依存せず、女性に自身のトラウマを投影せず、部落男性が経験する脆弱性と閉塞性をみずから切開してほしい。西洋文化のフェミニズムになぞらえて部落の家父長制を解明するのは難しいかもしれない。部落男性独自の立ち位置から、不快感を避けつづけず、歴史と現実に向き合ってほしい。反権力、反差別を掲げる組織内で生起する権力関係と差別を解体するにはどうしたらいいか、男性自身でかたをつけてほしい。「部落差別をはじめあらゆる差別の撤廃」がもたらす自己矛盾にひるむことなく、部落につながるあらゆる人びとと、本当の意味で出会ってほしい。大きな組織との背伸びした連帯でなく、すでに取り組みを積み重ねているマイノリティ男性のところにみずから行って学び、自分自身をつくり直してほしい。その先に部落フェミニズムとの連帯可能性が開かれるはずだ。

一身にのしかかる抑圧を解きほぐす

部落を看板にしたような同和向け公営住宅で、母、弟、私の生活が始まったのは、私が12歳のときだ。同和教育、部落解放子ども会、母の労働、祖父母の願望が開いた新たな世界に、私は飛び出した。部落内部には、差別の結果であり原因でもある貧困が集中すること、貧困の原因であり結果でもある差別は、部落の外にあることを知る。部落住民が「寝た子」のつもりでも、周りはしっかり目覚めていた。悪、犯罪、恐怖、怠惰の巣窟のように部落をまなざし、暴力集団という言説を流通させていることを「学習」していく。部落解放運動が獲得した解放奨学金で進学しながら、私は、同化、沈黙、隠蔽、嘘、なりすまし、差別への同調で生き延びた。部落外で日常に氾濫する差別言説を浴びるうちに、お茶講にも青年の集まりにも行かなくなった。

差別は相関して成立する。差別をする側が「していない」と開き直り、される側が「部落ではない」と黙すれば、問題が起きない空間で、両者は共存する。語らない、語れない人に「語れ」と言えない。だから部落解放運動は難しい。部落の外では、「気をつけろ」という警告とともに、どこが部落かを丁寧に教え合う。それでも部落内ではみな徹底して口をつぐむ。口を開いて摩擦が起きても、たたかいかたがわからないから、黙って身を守る。聞こえないふり、見えないふり、差別されていないふりでやり過ごす。

私が部落に関して沈黙するようになったころ、母のつき合っていた非部落男性から、母と私は暴力を受けつづけた。しかしだれにも言えなかった。部落が長い時間をかけて築き上げてきた、沈黙と分有の均衡を壊すような気がしたし、個人的なことだと受け止めた。結婚を機に別の部落から移り住み、私を娘のようにかわいがってくれた女性の自死未遂にも地域は沈黙した。私は怒りのすべてを母に向けてしまう。私の生存は、部落住民が続ける沈黙の代償であるのに、部落に沈殿する沈黙をこじ開けようとして、私はかれらを傷つけてきた。

20代で出会ったフェミニズムは、私につらなる女性の苦しみを氷解させた。しかし次第に、フェミニストの集まりから距離を置くようになる。部落について語ってはいけないと自己抑制するか、語ったところで無化、消費されるか、部落を放棄、離脱する助言をされるかで、ひとたび蓋が開いて喉元までせりあがった証言に再び蓋をして飲み込むのは、窒息感を増すばかりだった。部落解放運動を「部落第一主義で、遅れている」と見なす憎悪を、フェミニストの毛穴から感じるようにもなった。

その結果、男性優位の部落解放運動と距離を縮めていき、私の身体、精神、思考、言語、空間、視界、関係は、男性に侵襲されていく。「女は感情的すぎる」と言われつづけるうちに、反差別や解放を知識や理論として落とし込み、私は感覚や感情を麻痺させてしまう。複合差別を語ろうとしても、フェミニズムの運動家や研究者が抱く関心はことさら、部落内の女性差別だった。部落差別には無知、無関心だが、ジェンダー至上主義、女性第一主義を錦の御旗としたフェミニストの追究に、部落差別を助長するのではないかとの恐れから語りを躊躇する。私が増幅させるかもしれない部落差別のしわ寄せが部落の女性と子どもに向かうことを恐れる、パターナリズムからの判断だった。同時に、何度も何度も証言しようが女性の声を封じてしまう、そうした部落コミュニティの背景にあるフェミニズムへのミソジニーを、私は毛穴から吸収してしまった。福岡ともみが指摘するように、部落差別や大きな敵とのたたかいを理由とした、被害体験の包隠と沈黙、被害者の羞恥心と自責感、加害体験の軽視と放置、加害者の擁護と不処罰に、私もまた加担している。構造を形成する多様な軸——植民地主義、戦争責任、グローバル化、階級、レイシズム、優生思想、セクシュアリティなど——を捨象して性暴力被害者という一つの軸でつながれるとは言い切れずにもいる。私が一身に受ける抑圧を解きほぐしながら、他者と共有、分有する経験をしてこなかったからだろう。

100年前に部落女性が経験した「二重、三重の差別と圧迫」として宮前が明らかにするのは、部落への侮蔑と忌避、資本主義社会における貧困、血統主義に基づく恋愛と結婚、部落内外に存在する男性支配だ。これらは決して過去ではない。差別と課題の序列化、抑圧の比較や競争、語る資格の代表争いに陥ることなく、個別差別の関係性を解きほぐす可能性が部落フェミニズムにはある、と本書の執筆者たちが教えてくれる。それは部落女性の一身にのしかかる抑圧が重層的、複合的、交差的であるがゆえに、抑圧からの自由を求めるかれらの実践も重層的、複合的、交差的な現場であるからだ。

水平社創立大会で表現された「二重、三重の差別と圧迫」という表現に、日本語の「差別」だけで議論できないと思ってきた私は魅了される。一身にのしかかる抑圧をあらわすのに巧みな言いようだった。証言が封じられつづけ、圧迫されて窒息しそうになっている私と他者が、まずは息をする場が必要なのだ。さらに、部落女性の労働によって成立する経済構造にも意識を向けるよう、この表現は私を導く。部落差別、階級差別、女性差別が互いに影響し合う複雑な構造を見事に言いあらわす。「二重、三重の差別と圧迫」を訴えた部落女性との対話を試みることで、100年後の現実世界を生き抜こうとする歴史実践に、私は挑みたい。ブラック・フェミニズムが、奴隷制に始まる何百年の歴史経験とそこからの解放、その後に続くレイシズムを明らかにする研究と実践の共有をした果てに出てきた「インターセクショナリティ」を知的な共有財産とするように、部落フェミニズムも「二重、三重の差別と圧迫」を鍛え上げる必要があろう。それは、説明や記述をするための用語でも、データから論文をまとめるための概念でも、さらには興味関心、流行、政治的正しさを満たすための道具でもない。１００年前から受け継いだ知であり、現在も継続する抑圧であり、日常を生存する実践である。

知的な共有財産とするために不可欠となるのは、歴史に由来した権力関係への理解だ。その糸口を本書は提示する。自立生活運動とは、介助する側として生きる健常者の、身体、労働、生産性、能力主義、資本主義を問うと同時に、反資本主義的、協同的な労働関係を構築する運動である。石地のインタビューをしたのぴこはこのように論じたうえで、部落解放運動もそうしたラディカルさをもっていたのではないかと問いかける。生産労働と再生産労働の隅々まで、部落女性の身体性を抑圧し搾取する構造が張りめぐらされている。そこから見える世界のなかで、住宅闘争、識字運動、仕事保障、妊産婦保障、解放保育、解放教育といった抵抗実践と制度変革を部落女性は続けた。これら営為は、部落女性の身体性と権力の関係を問う。

子どものいない私は、部落女性からたびたび「あんたにはわからない」と言われてきた。「母」は部落女性の主体性を論じるうえで欠かせないテーマでありつづけた。この点で部落女性が困難と関心を示してきたのは、部落差別に起因するところの過酷な労働実態と医療アクセスの制限に関連した、安心して子どもを産む権利の保障である。「差別される子」を産むことへの逡巡、「自分の子どもを産みたい」という強い思い、「差別されるかわいそうな子は産まなければいい」といった言説には、部落差別、女性差別、優生思想が抜きがたく含意されている。部落につながる女性がこれら含意を内面化していることを、本書は指摘する。部落女性の身体性にのしかかる複合的抑圧を明らかにできれば、部落男性とは異なる位置から部落差別を理解する助けになるに違いない。福岡自身が経験した性暴力から反芻する、汚《けが》れのイデオロギー、女性性の卑下、男性中心性への傾倒といった指摘には、私の経験から応答していきたい。

ここで示唆を与えるのは、石地が読み解く優生思想である。障害者や部落民を不幸と見なす社会において、不幸な子を産むべきでないとされる女性と、良質な子を産むべきとされる女性に選別され、その使命を女性が負わされる。不幸の原因は女性の身体性に帰され、産む性に屈辱と自責が押し付けられる。女性性を否定させる障害者差別と、女性性を侮辱する部落差別が絡み合い、尊厳と人間性を毀損する。このような社会は、マイノリティを対立させるのみならず、人権侵害の理由をマイノリティに負担させる社会だと、石地は異を唱える。しかしながらそのような社会は、障害者の生命と、女性の産む産まない権利、その選択と説諭を石地に迫る。対立させる側が迫る「女性」からも「性暴力」からも障害者が除外されていることは不問のままだ。

一身にのしかかる抑圧からの解放に向けたたたかいに、本書は随所で言及する。男性支配のなかで構築される社会制度や価値規範を一新する部落女性の運動が100年前からあったこと。声をあげて抵抗すれば差別がふりかかる恐怖と不安のなかで、感情を解き放つたたかいがあったこと。裁判闘争をつうじて社会規範の縛りに向き合い、自己表明の力を獲得していったこと。部落女性と非部落女性がともに構造に向き合い、連帯するたたかいがあること。戦争や加害に対する部落女性としての責任の取りかたがあること。自己を十全に表現できない部落女性が生きるためのよりどころとなる部落フェミニズムを必要とすること。

こうしたたたかいの一つとして、石地の祖母が想像さえしなかった「自立」を、石地は実践する。だれにも保護、管理されないという、障害者運動とフェミニズムの根幹を自立生活で実践することが、差別への抵抗だと言う。優生思想を見ないふり、聞かないふりをしても、差別者と距離を取ったとしても、介助者が変わらないかぎり、健常者が近づかないかぎり、自由を剥奪している側が学ばないかぎり、石地は生きていくことができない。これこそが石地の抵抗実践である。

個別差別の理解を豊かにする

差別に抵抗する人たちへの反動が激しさを増すなか、本書の執筆者たちは名を明かして実体験を開示し、それをもって部落差別がなにかを問いかける。差別の重層性、複合性、交差性への関心は、個別差別に目を向けさせる。

100年前に部落女性が唱えた抵抗言説から宮前が読み取るのは、部落差別の責任を社会に帰する舌鋒鋭い追及に対し、親密な領域での非対称な関係性を部落女性が受忍した背景である。さらに、部落女性の労働が支えた日本の資本主義について、部落差別、階級差別、民族差別、ジェンダー差別の交差から言及する。福岡がする指摘は、ジェンダー規範によって強化された権力、支配、暴力の構造に生きる部落女性ならではの部落差別である。障害者差別、女性差別、部落差別が絡まり合った抑圧を解釈する石地の思想は、優生思想と部落差別が不可分で相補的な構造であることを差し出す。さらに瀬戸徐は、農村部や貧困層の女性とは異なり、部落差別が部落女性の自由と解放を妨げるとして、貧困にとどまらない部落差別の指摘をし、階級差別、性差別、部落差別の重なり合いを考察する。そして藤岡は、さまざまな形態の差別に汎用しうるレイシズム研究の発展に注目し、問題の存在自体が否定、隠蔽される部落差別の解明を試みたうえで、世界のレイシズム研究に部落差別研究がつながる展望を示す。

ここでは川崎に触発され、「結婚」について考えたい。結婚を前提とする、そして結婚時の差別を想定した部落ルーツの伝承、祝福と幸福を結婚に重ねる若者にその伝承が与えるであろう不安、結婚後の生活において女性が直面する困難を、川崎の聞き取りが浮かび上がらせる。「戸籍」「家」「血」の論理を女性の従属性と関連させて部落女性の結婚と離婚を論じる宮前に敷衍すれば、100年越しの課題とも言える。私もまた、両親の「結婚差別」を語りつつ、結婚後に母が受けた暴力を語らずにきた。「純粋な」部落民ではないという「血」の言説も背負わされた。

結婚で差別が発生していること、その差別に苦しむ人が存在することは確かな現実である。他方で、結婚とはなにかという問いを立てずに差別を論じてきた思想の組み立てを再考する必要があろう。結婚を前提にした「結婚差別」の枠組みを疑問視する部落ルーツの性的マイノリティを、私は知っている。ジェンダー規範や異性愛家父長制と部落差別の関連を蔑ろにしていては聞こえてこない声だ。差別とたたかう以外の選択肢をもたず、ケアされないまま、傷を抱えて生きる結婚差別の当事者を、私は知っている。国家と資本といった権力を敵として打ち立てる差別の把捉では見えてこない人びとである。

私的領域、親密圏における部落差別を理解するうえで、女性に対する暴力根絶の運動が発展させた差別理解に学ぶことは多い。政治的な意味付けで読み解かれてきた部落差別が、部落女性の心身にいかなる影響を与えるかを解明すること。政治的解決を志向するに比して試みられなかった心理的回復へのアプローチをはかること。世界のマイノリティ・コミュニティで実践されているトラウマ研究につながる方向性があること。福岡が積み重ねた経験に私も学びたい。

部落解放運動はその軸足を生活実態に置きながら、部落民を排除し不平等をもたらす制度——

住宅、教育、保育、労働、社会福祉、保健医療など――を改革するというユニークな運動を展開した。結婚に際しても、制度内の平等を求める運動からさらに、戸籍、婚姻、家族、氏や血に執着したマジョリティがつくる制度と規範を問う運動へと向かわなかったのはなぜだろう。底辺と周辺にあてがわれた部落コミュニティを、「世間並み」「一般並み」へと追い込む制度と規範の影響もあったろう。そのコミュニティで、自身の生活感覚のなかに運動課題を位置付け、感性と対話を重視してきた女性の実践がある。部落解放運動がこれらの営みを軽視せず、もっと女性の声を聞いていたら、運動は違う展開を見せていたのではないか。個人の生きかたを否定するのではなく構造を問いながら、「一級国民」への同化（川崎）、「国家に認められる模範的な国民」（瀬戸徐）の意味するところを内観していれば、『「一般』とは何かを押し返すラディカルさ」（のぴこ）をもった部落解放運動が、結婚に見られる「差別」をつかまえながら、他のマイノリティとつながる可能性はあったと思う。

そして家父長制と結婚を問うてきたフェミニズムが、その回路を、現に結婚差別に苦しむ部落女性、結婚後の抑圧に痛む非部落女性に開いていれば、フェミニズム研究も異なる展開を見せたであろう。「部落差別」にまず目を向けさせられる部落女性と非部落女性の経験を複合的に理解することもできたと思われる。それができなかったのは、女性共通の利益に基づいた連帯でなく、天皇制、戸籍制度、「家」思想、優生思想の利益に基づく連帯をフェミニズムが選んできたからではないだろうか。ジェンダー秩序の再生産を解明するフェミニズムの運動や研究から取り残されつつ、部落女性の運動は真っ先にバックラッシュにさらされる。部落女性を無視するフェミニズムの運動と研究がかえって、ジェンダー秩序を維持してきたのではないか、女性間序列を助長してきたのではないか、とも私は考える。

結局のところ、部落女性をいないものにする差別論と解放論をいくつも足していったところで、部落女性に有効だと思えない。一世紀に及ぶ部落女性の経験をレイシズムの表出として解き明かすこと、それが自分たちのフェミニズムを部落女性が模索するために必要だと、藤岡は提案する。福岡は、部落解放理論、部落の歴史、フェミニスト・カウンセリングを組み合わせることによって、家父長制と部落差別に逡巡し葛藤した女性たちの存在を多角的に捉えていく。さらに瀬戸徐は、差別と貧困のなかで生きるための、生業、職、食の共同性から、「男も女もない」厳しい労働の内実とともに、ケアに張り付く女性役割の定義を読み替える。フェミニズムが主題とする、あるいは主題としない、レイシズム、家父長制、労働、ケアの理解を豊かにし、部落女性に届けようとする位置に、本書はある。

消去される人たち、沈黙する人たちとの連帯を模索する

部落フェミニズムは、構造と同時に主体を問う。構造の変革と主体の主張を同時に行なう。本書の執筆者たちにはそれぞれがだいじにする優先順位がある。それを他者に押し付けること、他者から押し付けられることとは違う。経験を絶対化することも、一様にだいじにすることも、無視することもせず、すりあわせながら方向性を見出す。抵抗する主体として部落フェミニズムを立ち上げるが、自縛することとも固定化することとも異なる。万全なフェミニズムも解放運動もないが、個々の人間がすべてを引き受けるところに追い詰められる構造を変える手がかりとした

い。

自身の経験と、他者がした経験の見聞をもって、「わかり合える」という期待が私にはある。独りよがりな期待からくる「わかり合えない」という失望もある。しかし、部落差別に反対の意志と行動を示す人に対し、血縁と地縁を理由に、部落側から行なう排除を、私は拒否する。部落フェミニズムは、部落女性だけで成立してきたのではない。部落には多様な階級の女性がいたし、結婚や運動をつうじて部落に移り住む女性がいた。

被差別者が依拠する、「あんたにはわからへん」「ふまれた者のいたみはふまれたものにしかわからん」の表現に、坂東は注目する。そう発した部落女性、受け止める非部落女性、双方の意味付けを、地域の歴史性と自身の当事者性に踏み込みながら理解しようと試みる。部落女性の発言から汲み取るのは、つうじないもどかしさ、安易な対等表明あるいは痛みの共感への抗い、非対称な社会的位置の確認だという。そう指摘する坂東の視線はすぐに、もう一方の当事者である非部落女性に向く。沈黙、否定、遮断、制限を引き起こすメッセージではあるものの、部落差別は自分自身のたたかいである、部落女性と非部落女性の共同性がなければ差別はなくせない、そう言語化する非部落女性の立ち位置を、坂東は確認する。

宮前が紹介する部落女性は、かれらの自覚化を促そうとする部落男性や非部落女性を、「誠に不愉快」だと突っぱねる。そして「私共を苦しめていた側の人」に、部落女性の苦しみは理解できないと言い切る。福岡とともにDV被害者を支援するなかで自身の被害経験を共有した部落女性から、「あんたらの言うこともちょっとはわかってきたわ」と言ってもらえた喜び。「あんた、分かり合われへんから明日から介助に来んでええわ」で終わっていては生きられない石地の生。

藤岡の章には、マジョリティとしての特権を実感しつつも、「自分の問題として考える」とは具体的にどういうことかわからない、と吐露する事例が紹介される。

本書の執筆者たちは、連帯の難しさを自覚しながらも出口を探そうとする。女性同士の連帯を優先するマジョリティ女性が立てた理屈は、部落女性が示す部落コミュニティへの帰属と協調が女性間の連帯を妨げる、というものだった。この経験から藤岡が示唆するのは、現在も継続する植民地主義に生きる部落女性が、非対称な権力関係を変える実践をとおしてマイノリティ女性との連帯を模索する必要性だ。福岡は、男性中心の社会運動が押し付ける「人民」「われわれ」の抑圧性を指摘する。抽象的で集団的な存在を対象にする差別への抵抗は往々にして、個人の言葉と感情、告発と批判を抑圧することがある。女性の傷つき体験を中心課題としない家父長制的組織は、女性の従属と卑下を惹起する。したがって、身近な関係性に網の目のように存在する権力を一つずつひっくりかえすための、個がつながる連帯を福岡は提案する。

階級闘争を前面に押し出す労働運動が婦人水平社との連帯を模索するなかにあって、女性間の権力関係を不問とした点に部落女性は抗議したという。みずからの課題克服をめざす部落女性独自の運動が方向性としては１００年前にあったと、宮前は明示する。しかし運動の主体から排除された部落女性は、私的領域内の男性支配を告発することも、部落女性に特有の運動を具体的に展開することもできなかった。こうして婦人水平社は、数年ののちに終結を迎える。富裕層の運動に終始した点も、短期間で終わりを迎えた理由の一つにあげる。あわせて宮前が注意を喚起するのは、部落女性を不在とする差別構造への認識を欠落させた女性運動が融和運動に動員されていった歴史、そして戦争の一翼を担った部落女性の歴史である。藤岡もまた、部落女性が連帯を追究するうえで、植民地支配や侵略戦争に抗えなかった部落解放運動の歴史に学ぶ必要を指摘する。これら指摘は、部落解放運動と女性解放運動の未来を暗示しているかのようだ。

一つの抑圧システムからの解放は、他の抑圧システムからの解放につながるのか、と藤岡は問う。男性主導の運動を阻害しない程度の主体性（宮前）、フェミニズムの中心性を揺るがさない程度の多様性（藤岡）、部落解放運動の過剰な包摂とフェミニズムからの過剰な切り離し、人種とジェンダー、障害者と女性、部落と朝鮮を衝突あるいは対立させる差別構造への籠絡《ろうらく》、これらを経験してきた部落女性が、連帯を語ることは容易でない。部落あるいは女性のなかの抑圧はさて置かれ、立ち向かうべき大きな敵の存在が自明視される。連帯を乱すとして異議申し立てや批判は阻止される。権力がつくりだす差別構造に搦《から》め取られた分断と対立を、運動や研究が見えなくする力学も働く。福岡が個人史から明らかにするように、強さを礼賛し、個に従属を強いる組織と運動には分断と対立がつきまとう。女性の主体性と人間性を尊重しない上意下達の運動から離脱していった声、女性の意見を承認せず動員道具とする運動は継続しないと無念がる声を、川崎は記録する。私たちはこれら歴史と現実から学ぶほかない。

それゆえ、本書の執筆者たちは連帯の希求を手放さない。福岡は、ＤＶ被害者支援をつうじて、部落女性と非部落女性の被害と加害が織り重なる実感、トラウマの痛みへの共鳴を体得している。瀬戸徐は、マジョリティによる選別と搾取ではない、異なるマイノリティ間の共感とつながりを、食生活をつうじた共同性のなかに見出す。マイノリティ性という特権性が与える、共感への傲慢さと消費への加担という再現性に、のぴこは自覚的であろうとする。部落女性が他のマイノリティ女性との連帯を模索するうえで、日本のレイシズムの根深さを解明する必要が部落女性にこそあると、藤岡は指摘する。社会規範に違和感をもつ人、既存の枠組みとは異なる生きかたを模索する人にも開いていこうとする部落コミュニティの現場にかかわる坂東の実践は、差別の本質を突き止め、浮き彫りにすれば、連帯の可能性が開かれることを示している。部落女性のなかにも存在する権力関係を見抜こうとする宮前の歴史的視点、「私」という存在に交差するさまざまな権力性を自覚して立つ福岡の歴史的社会的位置、これらも連帯に欠かせない。

連帯は、私の加害性と抑圧性を自覚することから始まる。被害体験を突き詰めていくなかから加害性が認識される。しかし、天皇制、戸籍制度、「家」思想、優生思想から抜け出せずに特権を享受してきた私にとって、帝国主義に同化される誘惑は大きい。みずからを適応させ、自身が実践し永続させている抑圧に自覚的になることはたやすいことではない。私の連帯もマジョリティとしての政治性を身にまとったものだった。本当の意味で、他者に出会っていなかった。対話をしてこなかった。だから連帯のための言葉を生まなかった。私が聞こうともしなかった声は一挙に聞こえてこない。出された声に応答する責任をもつと言葉にしつつ、できない自身に気づいて立ちすくむ。他者に対する批判のために研ぎ澄ました棘が自分に刺さる。目の前で起きる差別からの逃避により、私の内部に蓄積している暴力性に対峙し、日々の生きる場で言語化することから始めたい。何度も何度もやり直す必要がある。それが「被差別」からの解放につながる。

生活（者）のたたかいを地域で続ける

私はフェミニズムのなかで性暴力を語れなかった。部落コミュニティに対する差別助長を案じたからだった。そして部落解放運動のなかでも語れなかった。部落コミュニティからの排除を恐れたからだ。部落コミュニティは差別の現場であり、生活と運動の拠点でもある。

川﨑が着目するのは、家と部落のもつ両義性、共助と排除である。部落差別は非部落女性に、成育家族との関係遮断という傷を負わせる。しかし婚家である部落の家族とコミュニティは、よそ者、差別者だとして、非部落女性を異化する。社会から忌避され、家父長制を内包したコミュニティのなかで非部落女性がする経験を、二重の排除だと川﨑は言明する。福岡は、集団のもつ抑圧性と暴力性を実体験としてもっている。共通性を重視した協働の過程で生じる個の軽視、共同性を維持するときに起きる権力と支配の構造に、福岡は敏感であろうとする。

ジェンダー規範と家父長制のなかで生きる女性の葛藤を部落差別と交差させながら、福岡は女性の多様な生を理解しようと試みる。家族と地域社会に密着して生きる女性は、みずからの身体と思考、役割と行動を含め、管理統制する権力や規範、制度に過剰適応して生きる方法を生存のために選択する。その生きかたが、部落差別を強化する場合もあれば、性差別を強化することもあり、相加的である。家父長制を前提とした親族共同体と地域共同体は、宮前が指摘するように、差別からのシェルターにならない。シェルターになるはずの共同体が促進する他者化、否定、無価値化について、瀬戸徐は、部落の家族構成員内で経験した、朝鮮に出自をもつ女性への差別から追究する。ピア・カウンセリングとの出会いから実現した石地の自立生活は、障害者にとって抑圧者になりうる家族からの自由を意味した。母に複合的な抑圧を背負わせる社会を石地は読み解き、マジョリティ側になることが幸せだと信じた母の自由を願望する。

「あそこ」「あっち」「こっち」と呼ばれ忌避、排除されてきた部落コミュニティの寛容さと窮屈さの二面性を、坂東は描き出す。差別がもたらす歴史的トラウマと集団的トラウマが覆うコミュニティを「安全基地」につくりかえる努力が営々と継続されてきたという。住民みずから組織化し、運動を立ち上げ、ケアを共有し、権利を奪還し、避難場所となる関係性を育み、社会資源をつくりだし、コミュニティを意図的に形成する、その実体験と関係性が坂東にとって差別社会を生きる力になっている。部落共同体も差別構造から自由でない。その内部に生じる矛盾について坂東は、識字運動でつながる女性たちから解き明かそうとする。川崎の聞き取りが明らかにするように、部落女性の運動は、足元を固め、暮らしを中心に、横へとつながるものだった。その運動を実現させた部落コミュニティのありようも大きく変容しているが、差別だけは時代とともに形態を変えながら根強く残りつづける。部落民の大多数は、部落コミュニティとも部落解放運動ともつながらずに生きる。かれらに届けたいのは、非共有性を乗り越えようとする執筆者たちの経験だ。部落民が部落を語らないことの考察から始めた川﨑が見出すのは、互いに異なる状況下を生きる部落女性たちが主体的に連なる系譜、その言葉である。

「純血」がするところの経験をしていない「混血」の立ち位置から、瀬戸徐は「欠落」を問う。家族やコミュニティにあらわれる性差別の解消を求めるマイノリティ・フェミニズムが問題視する経験を十分にもたない自分に気づき感じる欠落。部落解放運動のなかで見聞、想定、共有、流通、継承する被差別体験がないことからくる欠落。個別差別あるいは個別集団のカテゴリーにみずからの経験と存在をあてはめたときに可視化される欠落。これら欠落を、在日朝鮮人運動と部落解放運動の双方をとおして、瀬戸徐は埋めていこうとする。部落との身体的、精神的なつながりが稀薄であったとしても、世代を超えて継承する生活や文化が部落にあり、それら継承を担う女性のあいだに摩擦が起きる、と瀬戸徐は見ている。共通項を連帯の基盤とせず、欠落を認め、表現し、埋めるための連帯に着目する。瀬戸徐が等閑に付すことなく記録するのは、経済動向の影響を受けながらも部落女性が日々遂行し、集団的な生活を共有してきた労働、食、家族、部落産業、部落ネットワークである。一つの部落で営まれてきた生活を絶対化、普遍化することを抑制しつつ、しかし確かに一つの部落で営まれてきた生活から、当事者運動に存する中心と周縁、そして日本の土地制度、産業構造、資本主義、地域経済、環境問題を掘り下げようとする。

生と切り離した部落フェミニズムはない。概念と数値だけで部落女性の生は語れない。部落女性の運動は、生活（者）を変える生活（者）のたたかいだ。それなしには、部落コミュニティはまわらなかったはずのものだ。部落女性の思想は生活から出発し、生活を突き抜けることで生まれ、たたかいにより鍛えられてきた。生活（者）のたたかいがなければ、私たちは生きていけない。諦めることをせず、命を削ることを厭わなかった部落女性はすでに未来を生きていた。歴史や現実を学ぶことに臆病にならず、文字をもって未来を想像した。自分たちが思い描く未来を先取りして実現する地域での営みは、人びとの生活を維持する集団的な実践だった。部落差別の視点、女性差別の視点だけでは見えない課題を発見し、現実の生活課題からの連帯を実質化してきた。非差別と平等の原則を堅持しながらの生活権を求める部落女性のたたかいは、私的領域に囲い込まれず、公共性を追求するものでもあった。

「二重、三重の差別と圧迫」あるいは「複合差別」として提起された部落女性の運動は、一つに自己存在の可視化と自治の主張、二つに構造、秩序、規範への抵抗と改革、三つに部落男性と非部落女性への異議申し立てと連帯の模索、そして四つに、これら運動の中心に生活を置き、それがなければ生きていけないというものへの挑戦であった。生活にもっとも端的にあらわれる差別に挑戦する。その生活には、差別を生み出し支える制度とイデオロギーが潜り込んでいる。したがって生活のために部落女性のすることすべてが国家に翻弄されていく。それでも、生活のなかで民と向き合いながら、部落女性は国家に対峙してきた。同時に、国家の差別構造、あらゆる組織の差別体制に抗うだけでは生きられないことを知っている。だから生活を手放さなかった。人間として見られなかった歴史のなかで、人間の原点である暮らしを実践し、知恵を切磋琢磨しながら生きた。

文字、言葉、概念、理論、知識に執着する私は、部落フェミニズムに近づこうとするほどに、書くことが苦しくなる。イズムから離れてものを考えること、書くことができない私に気づくからだ。文字を読み書きしない祖母に育てられたのちに、母親の労働が唯一の生計である貧困家庭で私は育った。その経験は私に、部落女性の直面する貧困、文字、教育、労働の惨苦を教えた。部落解放運動の成果である高等教育を受けて、私は研究者になった。「あなたにはわからない」という叫びを部落女性から向けられる私が立脚する位置、置かれた立ち位置を踏まえて、私は考える。文字教育のなかで生きなかった人、学問と暮らしを結びつけることを遠ざけられた人が理解する世界を、私がなりかわって書くことはできない。それはその人の屈辱を上塗りする行為となる。研究者として、活動家として目的意識的に暮らす私に、生きることそのものが抗いだという思想、生活のなかで生まれた運動の軌跡を書くことは、とても難しい。

それでも、社会の片隅に追いやられ、手の届くところにない希望をたぐり寄せながら生きた部落女性の差別への苦しみを、失ったものの大きさを思うからこそ大きかった得るものへの感性を、苦痛を伴いながら社会に抗いながら生きることを手にするまでに年月をかけた歴史をたどりつないでいく。「鉛筆はスコップとツルハシより重たい」と語り継がれる部落女性の生活経験を伝えつづけ、読む側に託していきたい。

差別のなかで生きる、差別からの解放を生きる、そのために集団的な生活と運動で部落女性が鍛え上げたラディカルな想像力と創造力とともに私は生きている。かれらが自由と解放をどのように思い描き、それらを実現するためになにをしたのか。人間としての尊厳を生活連帯のなかで奪還してきた歴史、部落女性という社会的な位置が形成してきた共同的実践の知を、私は記録していく。部落女性の思想と実践に場所を与えてこなかった歴史がある。地域での営みを維持すること、つまり生きることを重視するかれらの運動が国家の制度に組み込まれていく矛盾があろうとも、それでも現実と解放のあいだで声をあげる、それが部落女性の抵抗の行為なのだから、こうして書く私の生もまた抵抗なのだ。

あとがきにかえた謝辞

熊本理抄

本書各章の執筆にあたり、資料提供、聞き書き、対話と議論、原稿確認などにご協力いただいた皆さんに心より感謝する。工夫を凝らした形式での資料掲載を快諾くださった皆さんに深く感謝したい。皆さんの存在と証言、皆さんと執筆者たちの関係性がなければ、本書は完成しなかった。「部落フェミニズム」の最強の実践者であり、最大の理解者であり、最高の協働者である皆さんへの感謝に堪えない。本書を受け取りどのように読まれるか、本書を読んでどんなふうに感じるか。緊張感と希望をもって、皆さんに本書をお届けするとともに、つぎに準備される対話の機会を楽しみにしたい。本書発刊をもって皆さんへのお礼の言葉にかえる。そして本書が多くのかたがたの理解と協力によって発刊されたことをここに記す。

エトセトラブックスの松尾亜紀子さん。部落のフィールドワーク、構想を練る各執筆者との対話、原稿読み合わせ会、合宿、飲み会、膨大なメールのやりとり、何回もの原稿確認。安心できて辛辣で、共感や対等を安易に表明せず、巧みに引き出す聞き手であり、前のめりの語り手であり、鋭い読みと考え抜いた問いを投げてくれる。紆余曲折の問いにも応答してくれる。「書きたい、書きたい」を形にしてくれた。部落とフェミニズムをつなぐ場での、私たちのつぎにつなげる実践を一緒に重ねてくれた。

松尾さんとの出会いと関係は、識字学級に通いつづけた部落女性を想像する時間だった。戦後まもなく多くの部落女性が識字学級に参加した。被差別の経験から恐怖と不信を抱いていたかれらが、教員との出会いをつうじて非部落女性を信じてみようと、粉骨砕身しながら関係をつくっていく。部落女性がみずからを語るなかで非部落女性の語りも引き出される識字運動は、部落フェミニズムの礎である。松尾さんに感謝している。

円水社の校正者ならびに校閲者の皆さんにも感謝したい。該博な知識、圧巻の資料渉猟力、言語と文章に対する専門性をもって、原稿の推敲と完成に尽力いただいた。書き込まれた文字と表現は芸術作品のようでわくわくした。たった一文字で世界を変える。言葉を生み出すプロとしての矜持にうっとり唸る。キャップスの皆さんは、迅速で完璧なＤＴＰで本書を仕上げてくださった。本をつくること、書くことの奥深さを教えてくれた編集者、校正・校閲者が尊重したのは、執筆者の主体性である。職人たちの伴走に感謝する。

この本を手にとるうえでカバーが決め手となった読者も多いだろう。デザイナーの福岡南央子さんが渾身の装幀で部落フェミニズムを皆さんに届けてくださった。読者の数だけデザインの解釈が生まれる。私が受け取ったのは、最初の読み手である福岡さんからの執筆者にたいする応答、不可視とされた存在を可視化するための社会に向けた宣言、本書のつくり手全員が水平に進もうとするその共同性、そして読者と執筆者の接点をかたちにする覚悟である。本書同様に私の心身も、福岡さんのカバーデザインで引き締まる。敬意と謝意を表したい。

最後に感謝を伝えたいのは、この本を手にした読者。今後の話をしたいのは、この本を読まれた読者とだ。この一冊を選んだ理由が知りたい。9人の物語を聞いた読者の物語を今度は私たちが聞きたい。これまで見えていなかったかもしれない、けれど見えたかもしれない世界を、私たちも見たい。具体的な自己、他者、歴史、社会と出会うきっかけを選択した読者とともに、互いの立ち位置を葛藤したい。

戸惑い、揺らぎ、居心地の悪さを言葉にするために、私たちは他者を必要とする。痛み、傷、トラウマを語るために聞く人を必要とする。私たちはどんな社会でどのように生きたいだろう。どういう社会をつくりたいだろう。どういった社会を未来に引き継ぎたいだろう。部落女性を黙らせ、見えなくし、いないものにする社会は、読者の声、存在、権利を踏みにじる社会でもある。だから、私たちは声をあげていく。

100年以上も前の水平社宣言に謳われた誇りを失うことなく、声をあげることで社会を変えてきた部落女性たちがいる。声をあげることで社会は変えることができる、そう信じる部落女性のたたかいのなかで、成熟し培われてきた思想と歴史がある。一人ひとりが自分の苦しみと痛みを語る。相手の苦しみと痛みに耳を傾ける。それらを分けもつ。固有かつ共有の苦しみと痛みをつくりだしている歴史と社会を学ぶ。そうした場であった識字学級の出発点はいつも、自己と生活だった。存在の承認と人間の尊厳を求めるたたかい。差別に抗い人権の歴史をつくってきたたたかい。これらを受け継ぎ、引き継いでいくために、この本を読んだ読者と出会いたい。

沈黙を余儀なくされてきた証言を聞き、不可視化されてきた存在を視て、不在とされてきた歴史に立ち会う。その人にとっての確かな一瞬となる選択をした読者とつながることを、私たちは心から望んでいる。

部落にルーツがあることを自覚し、さらなるエンパワメントにチャレンジしている。
【大事に思っていること】優生思想撤廃、人権、差別をなくす取り組み、人とのつながり。
【好きなこと】食べること、料理、スーパー巡り、音楽、推し活、旅、パズルゲーム。

のぴこ
1983年生まれ。会社員、非婚出産、フェミ登山部。大阪市内の部落で、同和保育、解放子ども会に通い、小学生までを過ごす。制度から周縁化されたこと(すなわち“一般並み”から外れたこと)へ関心を向けてきた最近は、ジェントリフィケーションが進む釜ヶ崎の近くで小さなコミュニティスペースを友人たちと運営している。いつも心に反戦・反天皇制・反家父長制。自律・相互扶助・フェアネスが可能なあり方を模索中。
【好きな場所】本屋、飛行機、クロスバイク、おいしいコーヒーがあるところ、日常の営みが綴られたインターネット、フェミニストと登る山、Three chords and the truthを聞くことが出来るライブ。

瀬戸徐映里奈(せと・そ・えりな)
1986年関西生まれ。近畿大学人権問題研究所教員。父母の姓を並べて、名乗り始めて16年。名前は、朝鮮読みして「よんりな」と呼ばれることも。研究テーマは、いきものがたべものになり、胃袋に入るまでに生まれる様々な関係をマイノリティの食卓から考えること。特に在日ベトナム人にとっての食と農に注目し、そこから浮かぶ葛藤やつながりの創出、立場による権利の差を考察してきました。自分も耕す土を確保し、種を蒔き、食材を育てたい!と思い、近所によい耕作地を探し中(といいながら、数年経過)。移民・難民問題、在日朝鮮人運動と部落解放運動に関わりつつ、試行錯誤の毎日。

坂東希(ばんどう・のぞみ)
大阪公立大学教員。関心は、非行・犯罪臨床、トラウマからの回復、修復的司法、コミュニティづくりなど。非行や犯罪行動を有する少年・成人を対象とした教育プログラムの実践と研究に携わる。共著に『アディクションと加害者臨床』、『治療共同体実践ガイド』(いずれも金剛出版)など。和歌山市内の部落に生まれ、高校卒業までを過ごす。反差別国際運動(IMADR)で勤務した後、大阪大学大学院で非行・犯罪領域の心理臨床を学ぶ。同時期に出会った大阪府箕面市の北芝(本文参照)で胃袋をつかまれ、2011年からNPO法人暮らしづくりネットワーク北芝で6年ほど働く。瓶ビール、錆びた鉄、古い木箱、破れやほつれ、穴の空いた布に引き寄せられます。

川﨑那恵(かわさき・ともえ)
1983年大阪生まれ、京都で娘と2人暮らし。大学の事務職員。シェアキッチン&スペース「スウィングキッチンYour」運営メンバー。部落出身の両親のもとに生まれ、幼い頃父の故郷の部落で暮らす。大阪市立大学入学後、部落問題を学び始める。各地の部落やその他の社会問題(新潟水俣病など)の現場を訪問し、人と出会い腹を割って語り合う飲み会を重ね、標語「寝た子を起こして、仲良くごはん」を思いつく。2024年、同標語を題名にしたエッセイの連載を雑誌『エトセトラ』で開始。これから探究したいテーマは近代日本における部落差別と優生思想、家父長制イデオロギーの形成過程と関連性。暇を見つけては映画館での映画鑑賞・好きなミュージシャンのライブ鑑賞・友人たちとごはん会。

編著者

熊本理抄（くまもと・りさ）

近畿大学人権問題研究所教員。人種、階級、ジェンダー、セクシュアリティが絡み合ってもたらす抑圧、その抑圧からの自由と解放を求める社会運動に関心がある。研究と運動の主たる現場は、日本、インド、米国、国連。主著に『被差別部落女性の主体性形成に関する研究』（2020年、解放出版社）がある。現在取り組んでいる活動と研究はもりだくさんで、隣保館を中心に行なわれる相談支援、学校における人権教育とジェンダー教育、主体性と関連するマイノリティ女性の学習と労働、同和対策事業等マイノリティを対象とした社会政策など。なかでもとくに聞き取りが大好き。生きてきた軌跡から社会構造に向き合いつづけたい。そしてものづくりが大好き。つぎの人生では職人になりたい。

著者

藤岡美恵子（ふじおか・みえこ）

法政大学大学院非常勤講師（「国際人権論」を担当）。1980年代末から2000年代半ばまで国際人権NGO反差別国際運動（IMADR）で専従職員やプロジェクトコーディネーター。その後特定の団体には所属せずNGOと政府の関係、レイシズム、植民地主義の問題にとりくむ。主な論文に「Condemning J. Mark Ramseyer's Paper "On the Invention of Identity Politics: The Buraku Outcastes in Japan"」（共著、The Asia-Pacific Journal Japan Focus, Volume 19, Issue 9, Number 8, 2021）。共著書に『終わりなき戦争に抗う』（新評論）など。植民地主義にもレイシズムにも正面から向き合って来なかった日本社会で〈反 - 反差別〉が勢いを増す中、日本のレイシズムを解明する作業に微力ながら加わりたいと考えている。織物、刺繍が大好きな「布フェチ」。

宮前千雅子（みやまえ・ちかこ）

大学の非正規研究員と非常勤講師をしています。被差別部落に暮らしたことのない部落出身者。部落の外に、部落問題を含めた人権課題を語りあえるネットワークづくりをしたいと思い、活動してきました。ハンセン病問題やジェンダーの課題、性被害をなくすことにもかかわっています。興味があるのは、マイノリティの近代史。これまで歴史のなかに埋もれ、注目されてこなかったものをあきらかにしたい、そして差別を生み出し再生産する社会のしくみをあぶり出したいと思います。とりわけ最近は、部落女性の歴史をまとめるため奮闘中。100年前の女性たちと対話する日々です。中学生のときから阪神タイガースの大ファン。

福岡ともみ（ふくおか・ともみ）

1956年生まれ。人は人をなぜ差別するのだろうかという疑問を持ち生きてきた。1995年、沖縄少女レイプ事件に衝撃をうけ、親友と性暴力被害者やDV被害者のサポートを始める。1999年、DV被害者が加害者となった裁判に関わり、支援とは何かを考える原点となる。2013年、性暴力被害者支援センター・神戸の設立に参画。現NPO法人性暴力被害者支援センター・ひょうご理事、ウィメンズカウンセリング京都スタッフ / 認定フェミニストカウンセリング・アドヴォケイター。共著『笑顔を取り戻した女たち　マイノリティー女性たちのＤＶ被害——在日外国人・部落・障害』（パド・ウィメンズ・オフィス、2007年）、『フェミニストカウンセリングの実践』（世界思想社、2010年）など。趣味は、いつのまにかインドア派。自他ともに認めるテレビっ子。

石地かおる（いしじ・かおる）

自立生活センターリングリング障害者スタッフ。24時間介助で地域での自立生活を実践中（私の介助者になりませんか？）。全国自立生活センター協議会ピア・カウンセリング委員会副委員長時代に全国の障害者にエンパワメントを伝える。40代半ばで女性であること、被差別

部落《ぶらく》フェミニズム

2025年3月24日　初版発行

編著者　熊本理抄
著　者　藤岡美恵子
　　　　宮前千雅子
　　　　福岡ともみ
　　　　石地かおる
　　　　のぴこ
　　　　瀬戸徐映里奈
　　　　坂東希
　　　　川﨑那恵

発行者　松尾亜紀子
発行所　株式会社エトセトラブックス
　　　　155-0033
　　　　東京都世田谷区代田4-10-18-1F
　　　　TEL：03-6300-0884
　　　　https://etcbooks.co.jp/

装幀　福岡南央子（woolen）
DTP　株式会社キャップス
校正　株式会社円水社
印刷・製本　モリモト印刷株式会社

Printed in Japan
ISBN 978-4-909910-27-1

視覚障害その他の理由で活字のままこの本を利用できない方へ

・営利目的を除き「録音図書」「点字図書」「拡大写本」の製作ができます。その際は当社までご連絡ください。

・テキストデータをご希望の場合は、住所・名前・電話番号・メールアドレス等のご連絡先明記のうえ、左下の請求券を当社までお送りください。

活字で利用できない方のための
テキストデータ請求券
『部落フェミニズム』